Los cinco minutos de Santa Teresita

Los cinco minutos de Santa Teresita

Selección y adaptación:
Néstor Saporiti

Editorial Claretiana

Saporiti, Néstor Dante
Los cinco minutos de Santa Teresita - 1a ed. 7a reimp. - Buenos Aires : Claretiana, 2010.
240 p. ; 17x11 cm.

ISBN 978-950-512-438-1

1. Oraciones. I. Título
CDD 248

Diseño de Tapa: *Grupo Uno*

Con las debidas licencias.

Hecho el depósito que previene la ley.

Impreso en la Argentina
Printed in Argentina

ISBN: 978-950-512-438-1

EDITORIAL CLARETIANA
Lima 1360 - C1138ACD Buenos Aires
República Argentina
Tels. 4305-9510/9597
Fax: 4305-6552
email: editorial@editorialclaretiana.com.ar
www.editorialclaretiana.com.ar

Presentación

Suena la campana al alba llamando a la oración. Una vez más miles de carmelitas en todo el planeta abandonan las horas de sueño, salen de sus celdas y se dirigen al coro para abrazar al mundo con sus plegarias.

Ninguno de nosotros se da cuenta, pero cada mañana, cuando nos levantamos, hay personas que velan por la humanidad, que interceden por ella, que le hablan a Dios de nuestras necesidades y sufrimientos, que le dan gracias por el sol, por la lluvia, por la vida.

Gestos silenciosos y exteriormente insignificantes, rutinarios, escondidos. Y sin embargo, la Iglesia nunca hubiera surcado los mares ni hubiera traspasado todas las fronteras para compartir su fe en Jesucristo, sin la fuerza de la oración de estas mujeres.

Santa Teresa del Niño Jesús, doctora de la Iglesia, fue una más entre esas miles de carmelitas que un día, por amor, se unieron a Cristo y abrazaron, sin estridencias, nada más -y nada menos- que su misma causa: que todos los hombres lo conozcan.

Herederas del espíritu universalmente andariego de su Madre Santa Teresa de Ávila, ellas conservan, aun hoy, esa dimensión misionera de su vocación contemplativa. Aparentemente, nada más lejano a las misiones que permanecer toda la vida en un monasterio. En cambio, nada más universal que su oración. Por eso, Teresita llegará a desear partir a un carmelo en Asia y tendrá un "hermanito" sacerdote misionero en China, con el cual mantendrá correspondencia.

Aunque nunca saldrá de Lisieux, a causa de su temprana enfermedad, su deseo de abrazar el mundo con el amor le valdrá el título de "Patrona de las Misiones". Sí, nunca atravesó el umbral de su convento al que había ingresado cuando apenas tenía quince años; pero su fe y su capacidad de amar la harán recorrer un camino de vida espiritual que la llevará muy lejos. Era el camino de la santidad.

Fiel a las consignas de su vocación escondida, al silencio de los claustros, a la humildad buscada, llamó "caminito" a su estilo de santidad. Este consistió en vivir en modo extraordinario lo ordinario, lo rutinario, lo insignificante; sin buscar ocasiones especiales para hacerlo, sino aceptando y amando, con total desprendimiento y docilidad, la voluntad de Dios.

En las páginas de este libro queremos presentar a los lectores una selección de textos tomados de su autobiografía –la conocida *"Historia de un alma"*–, sus cartas, sus poemas y oraciones, sus últimas conversaciones y los testimonios de sus hermanas.

A lo largo de los meses hemos intentado recorrer paso a paso su proceso interior con la intención de que, llevados de su mano, podamos, al cabo de un año, aprender nosotros también a dejarnos conducir por Dios.

Y así, cada mañana, al despertarnos, recordaremos que, desde los claustros del cielo, Teresita, nuestra compañera de camino, estará intercediendo por nosotros.

El editor

"Soy una pequeña flor cortada por Jesús."

Enero

Enero 1

Soy una pequeña flor cortada por Jesús. Me parece que si una florcita pudiera hablar diría simplemente lo que Dios ha hecho por ella, sin tratar de ocultar sus regalos. No diría, por falsa humildad, que es fea y sin perfume, que el sol le ha robado su esplendor y que las tormentas cortaron su tallo, cuando está íntimamente convencida de todo lo contrario.

La flor que va a contar su historia se alegra de poder pregonar las delicadezas totalmente gratuitas de Jesús. Reconoce que en ella no había nada capaz de atraer su mirada, y que sólo su misericordia ha obrado todo lo bueno que hay en ella.

Enero 2

Abriendo el Evangelio, mis ojos se encontraron con estas palabras: *Jesús subió a la montaña y llamó a su lado a los que quiso* (Mc 3,13). He ahí el misterio de mi vocación, de mi vida entera y, sobre todo, el misterio de los privilegios que Jesús ha querido concederme... Él no llama a los que son dignos, sino a los que él quiere.

Enero 3

Durante mucho tiempo me pregunté por qué tenía Dios preferencias, por qué no recibían todas las almas las gracias en igual medida. Me parecía raro verlo conceder favores extraordinarios a los santos que lo habían ofendido, como san Pablo o san Agustín, a los que forzaba, por así decirlo, a recibir sus gracias.

Jesús ha querido darme luz sobre este misterio. Puso ante mis ojos el libro de la naturaleza y comprendí que todas las flores que él ha creado son hermosas, y que el esplendor de la rosa y la blancura del lirio no le quitan a la humilde violeta su perfume ni a la margarita su encantadora sencillez...

Eso mismo sucede en el mundo de las almas, que es el jardín de Jesús. Él ha querido crear grandes santos, que pueden compararse a los lirios y a las rosas; pero ha creado también otros más pequeños, y éstos han de conformarse con ser margaritas o violetas destinadas a recrear los ojos de Dios cuando mira a sus pies.

Enero 4

La perfección consiste en hacer su voluntad, en ser lo que él quiere que seamos.

Enero 5

Son muy pocas las ocasiones en las que deberemos vivir al Señor de un modo llamativo; si tuviéramos que esperar a que se presentaran esas ocasiones raras o extraordinarias, difíciles y llamativas, pocas veces viviríamos al Señor. Pero al Señor lo debemos vivir a diario, en todas las cosas, en todas las ocasiones y circunstancias; y esto, porque el Señor está precisamente en esas cosas: en las más ordinarias y comunes, en las que todos los días vivimos, en las que se suceden unas a otras, impulsadas por la inercia, por las costumbres, por las obligaciones del propio estado.

Ahí está el Señor; hay que saberlo descubrir, hay que aprender a sentirlo, hay que llegar a verlo.

Enero 6

Comprendí también que el amor de Nuestro Señor se revela tanto en el alma más sencilla que no opone ninguna resistencia a su gracia, como en el alma más sublime. Y es que, al ser característico del amor el adaptarse, si todas las almas se parecieran a las de los santos doctores que han iluminado a la Iglesia con la luz de su doctrina, parecería que Dios no tendría que adaptarse demasiado al venir a sus corazones. Pero él ha creado al niño, que no sabe nada, ni siquiera hablar; y ha creado al aborigen que sólo tiene para guiarse la ley natural. ¡Y también a sus corazones él quiere descender! Estas son sus flores de los campos, cuya sencillez le fascina...

Enero 7

Adaptándose de tal modo, Dios muestra su infinita grandeza. Así como el sol ilumina a la vez a los cedros y a cada florcita, como si sólo ella existiese en la tierra, del mismo modo se ocupa también Nuestro Señor de cada alma personalmente, como si no hubiera más que ella. Y así como en la naturaleza todas las estaciones están ordenadas de tal modo que en el momento preciso se abra hasta la más humilde margarita, de la misma manera todo está ordenado al bien de cada alma.

Enero 8

Me encuentro en un período de mi existencia en el que puedo echar una mirada hacia el pasado; mi alma ha madurado en el crisol de las pruebas exteriores e interiores. Ahora, como la flor fortalecida por la tormenta, levanto la cabeza y veo que en mí se hacen realidad las palabras del salmo 22: *El Señor es mi pastor, nada me puede faltar. Él me hace descansar en verdes praderas, me conduce a las aguas tranquilas y repara mis fuerzas... Aunque cruce por oscuras quebradas, no temeré ningún mal, ¡porque tú estás conmigo!*

Enero 9

Mi vida es un instante, una efímera hora,
mi vida es sólo un día volátil y fugaz:
Tú lo sabes, Dios mío, ¡para amarte aquí abajo
no tengo más que hoy!

¡Oh, Jesús, yo te amo,
hacia ti mi alma tiende,
sé por un solo día mi dulce protección,
ven y reina en mi pecho, y dame tu sonrisa
¡nada más que por hoy!

Enero 10

Si pienso en el mañana, me asusta mi inconstancia, siento nacer tristeza, tedio en mi corazón.
Pero acepto, Dios mío, la prueba, el sufrimiento
¡nada más que por hoy!

¡Oh, Piloto divino, cuya mano me guía!,
en la ribera eterna pronto te veré yo.
Sobre las agitadas olas guía en paz mi barca
¡nada más que por hoy!

Enero 11

Muy cerca de tu pecho, olvidada de todo,
ya no temo los miedos de la noche, mi Dios.
En tu amplio corazón dame un sitio, Jesús,
¡nada más que por hoy!

Pan vivo, Pan del cielo, divina Eucaristía,
¡oh misterio sagrado, regalo de tu amor...!
Ven a habitar a mi alma, Jesús,
mi blanca Hostia,
¡nada más que por hoy!

Enero 12

¡Virgen Inmaculada!, tú eres mi dulce estrella
que irradias a Jesús y haces con él mi unión.
Déjame, Madre buena, posar bajo tu manto
¡nada más que por hoy!

¡Santo Ángel de mi guarda,
cúbreme con tus alas,
que iluminen tus fuegos mi peregrinación!
Ven y guía mis pasos..., te suplico me ayudes
¡nada más que por hoy!

Enero 13

Señor, deseo verte sin velos y sin nubes,
pero, aun exiliada, ¡sin ti qué debil soy!
Que tu adorable rostro tan sólo se me oculte
¡nada más que por hoy!

Yo volaré muy pronto para ensalzar tus glorias
cuando el día sin noche se abra a mi corazón.
Entonces cantaré con las liras angélicas
¡el eterno hoy!

Enero 14

Teresa del Niño Jesús amaba a Dios con un amor apasionado y pensaba en él continuamente. Un día le dije: *"¿Cómo haces para pensar siempre en Dios?" "No es difícil" –me contestó–, "se piensa naturalmente en aquel a quien se ama." "¿Entonces no dejas nunca de sentir su presencia?" "¡Oh, no, creo que no he estado nunca tres minutos sin pensar en él!"*

Enero 15

Desde que era muy pequeña, a Teresa le gustaba ayudar a los pobres. Al hacerlo, su rostro reflejaba una expresión de ternura y respeto; se notaba muy bien que era a Jesús a quien veía en sus miembros sufrientes.

A la edad de diez años, pidió permiso para ir a cuidar a una pobre mujer que se estaba muriendo y no tenía a nadie que la asistiera. Quiso también llevar alimentos y ropa a otra mujer que tenía muchos hijos, que le causaba una compasión muy particular.

Cuando no podía ayudar a los pobres materialmente, lo hacía con sus oraciones.

Enero 16

¡Haz que yo me parezca a ti, Jesús;
haz que yo me parezca a ti!

Enero 17

Cuando se ofreció ante mis ojos el horizonte de la perfección, comprendí que para ser santa había que sufrir mucho, buscar siempre lo más perfecto y olvidarse de sí misma.

Enero 18

Desde su infancia Teresita había adquirido la buena costumbre de no quejarse nunca. Incluso cuando la acusaban injustamente, prefería callarse y no excusarse, lo cual no era mérito suyo sino virtud natural.

Enero 19

¡Qué hermosos eran para mí los días en que mi querido padre me llevaba con él a pescar! ¡Me gustaban tanto el campo, las flores y los pájaros! A veces intentaba pescar con mi cañita. Pero prefería ir a sentarme sola en la hierba florecida. Entonces mis pensamientos se hacían muy profundos, y sin saber lo que era meditar, mi alma se abismaba en una verdadera oración... Escuchaba los ruidos lejanos... El murmullo del viento y hasta la música difusa de los soldados, cuyo sonido llegaba hasta mí, me llenaban de dulce melancolía el corazón... La tierra me parecía un lugar de destierro y soñaba con el cielo...

Enero 20

La tarde pasaba rápidamente, y pronto había que volver a casa. Pero antes de partir, tomaba la merienda que había llevado en mi canastito. La hermosa rebanada de pan con mermelada había cambiado de aspecto: en lugar de su vivo color, ya no veía más que un pálido color rosado, todo rancio y consumido... Entonces la tierra me parecía aún más triste, y comprendía que sólo en el cielo la alegría sería sin nubes...

Enero 21

Durante los paseos que daba con papá, le gustaba mandarme a llevar ayuda a los pobres con que nos encontrábamos. Un día, vimos a uno que se arrastraba con dificultad sobre sus muletas. Me acerqué a él para darle una moneda; pero no sintiéndose tan pobre como para recibir ayuda, me miró sonriendo tristemente y se negó a tomar lo que se le ofrecía. No puedo decir lo sentí en mi corazón. Yo quería consolarlo, aliviarlo, y en vez de eso, pensé, lo había hecho sufrir. El pobre enfermo adivinó, sin duda, mi pensamiento, porque lo vi darse vuelta y sonreírme.

Enero 22

Papá acababa de comprarme una porción de torta y me entraron muchas ganas de dárselo a un pobre que pasaba, pero no me atreví. Sin embargo, quería darle algo que no me pudiera rechazar, porque sentía por él un afecto muy grande. Entonces recordé haber oído decir que el día de la primera comunión se alcanzaba todo lo que se pedía. Aquel pensamiento me consoló, y aunque todavía no tenía más que seis años, me dije para mí: *"El día de mi primera comunión voy a rezar por mi pobre amigo"*. Cinco años más tarde cumplí mi promesa, y espero que Dios habrá escuchado la oración que él mismo me había inspirado que le dirigiera por uno de sus miembros dolientes.

Enero 23

Amaba mucho a Dios y le ofrecía con frecuencia mi corazón, sirviéndome de la breve fórmula que mamá me había enseñado:

"Dios mío, te ofrezco mi corazón; tómalo si quieres, para que nadie pueda adueñarse de él, sino sólo tú, mi buen Jesús."

Enero 24

El domingo, aquella alegre jornada, que pasaba con tanta rapidez, tenía también su fuerte tinte de melancolía. Me ponía a pensar que el día de descanso iba a terminar, que al día siguiente había que volver a empezar la vida normal, a trabajar, a estudiar las lecciones, y mi corazón sentía el peso del destierro de la tierra... y suspiraba por el descanso eterno del cielo, por el domingo sin ocaso de la patria...

Enero 25

Los paseos que dábamos cada domingo antes de volver a casa dejaban en mi alma un sentimiento de tristeza. En ellos la familia ya no estaba completa, porque papá, por contentar a mi tío, le dejaba a María o a Paulina la tarde de los domingos. Sólo me sentía realmente contenta cuando me quedaba yo también. Prefería eso a que me invitaran a mí sola, porque *así se fijaban menos en mí.*

Enero 26

Cuando papá venía a buscarnos, me ponía muy contenta. Al volver a casa, iba mirando las estrellas, que titilaban dulcemente, y esa visión me fascinaba... Había, sobre todo, un grupo de perlas de oro en las que me gustaba fijarme, porque me parecía que tenía forma de T. Se lo enseñaba a papá, diciéndole que mi nombre estaba escrito en el cielo, y luego, no queriendo ver ya nada de esta tierra, le pedía que me guiara. Y entonces, sin mirar dónde ponía los pies, levantaba bien la cabeza y caminaba sin dejar de contemplar el cielo estrellado...

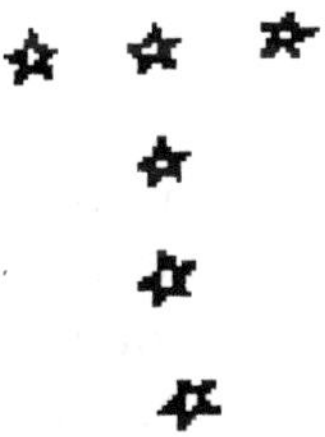

Enero 27

En las noches de invierno, ¡cómo me gustaba sentarme en el regazo de papá...! Con su hermosa voz, cantaba tonadas que llenaban el alma de pensamientos profundos..., o bien, meciéndonos dulcemente, recitaba poesías espirituales.

Luego subíamos para rezar las oraciones juntos, y yo me ponía junto a él, y *no tenía más que mirarlo para saber cómo rezan los santos...*

Enero 28

Paulina era quien recibía todas mis confidencias íntimas y aclaraba todas mis dudas... En cierta ocasión, le manifesté mi extrañeza de que Dios no diera la misma gloria en el cielo a todos los elegidos y mi temor de que no todos fueran felices. Entonces Paulina me dijo que fuera a buscar el vaso grande de papá y que lo pusiera al lado de mi dedalito, y luego que los llenara los dos de agua. Entonces me preguntó cuál de los dos estaba más lleno. Yo le dije que estaba tan lleno el uno como el otro y que era imposible echar en ellos más agua de la que podían contener. Entonces me hizo comprender que en el cielo Dios daría a sus elegidos tanta gloria como pudieran contener, y que de esa manera el último no tendría nada que envidiar al primero.

Enero 29

Una vez, en la playa, al atardecer, a esa hora en la que el sol parece querer bañarse en la inmensidad de las olas, dejando detrás de sí un surco luminoso, iba a sentarme en una roca... Estuve contemplando durante mucho tiempo aquel surco luminoso, imagen de la gracia que ilumina el camino que debe recorrer la barquilla de ligera vela blanca... Allí hice el propósito de no alejar nunca mi alma de la mirada de Jesús, para que pueda navegar en paz hacia la patria del cielo...

Enero 30

¡Para siempre en tu Faz me has escondido...!
Escucha ahora mi voz, mi buen Jesús:
Vengo a cantar la inenarrable gracia
de haber sufrido y de llevar tu cruz...

Largo tiempo bebí el cáliz de lágrimas
y compartí tu copa de dolor;
comprendo que el sufrir tiene su hechizo,
pues por la cruz se salva al pecador.

Enero 31

¡Oh, mi Jesús! Tu dulce voz me llama.
Me dices: "Ven, que ya pasó el invierno,
comienza para ti una estación nueva.
Tras cada noche nace un día nuevo.

Alza tus ojos a la Patria santa
y allí verás en tronos honoríficos
a los autores de tu inmensa dicha,
¡a tu padre y tu madre tan queridos...!"

"No quiero ser santa a medias."

Febrero

Febrero 1

Comprendí que en la perfección había muchos grados, y que cada alma era libre de responder a las invitaciones del Señor y de hacer poco o mucho por él. Entonces, como en los días de mi niñez, exclamé: *"Dios mío, yo lo elijo todo. No quiero ser santa a medias, no me asusta sufrir por ti, sólo me asusta una cosa: conservar mi voluntad. Tómala, ¡porque elijo todo lo que tú quieres!"*

Febrero 2

Yo no sabía lo que era el Carmelo, pero comprendí que Paulina iba a dejarme para entrar en un convento. ¿Cómo podré expresar la angustia de mi corazón...? En un instante comprendí lo que era la vida. Hasta entonces no me había parecido tan triste, pero entonces se me apareció en todo su realismo, y vi que no era más que un puro sufrimiento y una continua separación. Lloré lágrimas muy amargas, pues aun no comprendía la alegría del sacrificio.

Febrero 3

A la edad de nueve años, en una visita al Carmelo, una hermana no se cansaba de decirme que era linda. Yo no pensaba venir al Carmelo para recibir alabanzas; así que, después de la visita, no cesaba de repetirle a Dios que yo quería ser carmelita *sólo por él.*

Febrero 4

¿Qué no hizo Celina por su Teresa? Los domingos, durante mi enfermedad, en vez de salir de paseo, venía a encerrarse horas enteras con una pobre niña que parecía idiota. Verdaderamente se necesitaba mucho amor para no huir de mí... ¡Hermanas mías, cuánto las hice sufrir...! Nadie las hizo sufrir tanto como yo, y nadie recibió tanto amor como el que ustedes me brindaron... Gracias a Dios, tendré el cielo para devolverlo. Mi esposo es enormemente rico, y yo meteré la mano en sus tesoros de amor para poder devolverles centuplicado todo lo que sufrieron por mi culpa...

Febrero 5

Al no encontrar ninguna ayuda en la tierra, me había dirigido a mi Madre del cielo, suplicándole con toda mi alma que tuviese por fin piedad de mí...

De repente la Santísima Virgen me pareció hermosa, tan hermosa, que yo nunca había visto nada tan bello. Su rostro respiraba una bondad y una ternura inefables.

En aquel momento, todas mis penas se disiparon. Dos gruesas lágrimas brotaron de mis párpados y se deslizaron silenciosamente por mis mejillas, pero eran lágrimas de pura alegría... ¡La Santísima Virgen, pensé, me ha sonreído! ¡Qué feliz soy...! Sí, pero no se lo diré nunca a nadie, porque entonces desaparecería mi felicidad.

Febrero 6

Me preguntaba cómo me llamaría en el Carmelo. Sabía que había ya en él una hermana Teresa de Jesús; sin embargo no podían quitarme mi hermoso nombre de Teresa. De pronto, pensé en el Niño Jesús, a quien tanto quería, y me dije: "*¡Cómo me gustaría llamarme Teresa del Niño Jesús!*"

En el locutorio no dije nada del sueño que había tenido completamente despierta. Pero al preguntar la superiora a las hermanas qué nombre me pondrían, se le ocurrió darme el nombre que yo había soñado... Me alegré enormemente, y aquella feliz coincidencia de pensamientos me pareció una delicadeza de mi Amado, el Niño Jesús.

Febrero 7

Cuando era niña no sabía jugar, pero me gustaba mucho la lectura, y me hubiera pasado la vida leyendo. Este gusto por la lectura me duró hasta mi entrada al Carmelo. Me sería imposible decir el número de libros que pasaron por mis manos; pero nunca permitió Dios que leyera ni uno solo que pudiera perjudicarme. Es cierto que, al leer ciertos relatos caballerescos, no siempre percibía en un primer momento la realidad de la vida; pero pronto Dios me daba a entender que la verdadera gloria es la que ha de durar para siempre y que para alcanzarla no es necesario hacer obras deslumbrantes, sino esconderse y practicar la virtud de manera que la mano izquierda no sepa lo que hace la derecha.

Febrero 8

Cuando leía los relatos de las hazañas patrióticas de las heroínas francesas, y en especial las de la venerable Juana de Arco, me venían grandes deseos de imitarlas. Me parecía sentir en mi interior el mismo ardor que las había animado a ellas y la misma inspiración celestial.

Febrero 9

Por entonces recibí una gracia que siempre he considerado como una de las más grandes de mi vida, ya que en esa edad no recibía las luces de que ahora me veo inundada. Pensé que había nacido para la gloria, y, buscando la forma de alcanzarla, Dios me inspiró los sentimientos que acabo de escribir. Me hizo también comprender que mi gloria no brillaría ante los ojos de las personas, sino que consistiría en ¡llegar a ser una gran santa...!

Febrero 10

Este deseo podría parecer temerario, si se tiene en cuenta lo débil e imperfecta que yo era, y que aun soy después de siete años vividos en religión. No obstante, sigo teniendo la misma confianza audaz de llegar a ser una gran santa, porque no me apoyo en mis méritos –que no tengo ninguno–, sino en Aquel que es la virtud y la santidad mismas. Sólo él, conformándose con mis débiles esfuerzos, me elevará hasta él y, cubriéndome con sus méritos infinitos, me hará santa.

Febrero 11

Un día, una de las profesoras del colegio me preguntó qué hacía los días libres cuando estaba sola. Yo le contesté que me metía en un espacio vacío que había detrás de mi cama y que podía cerrar fácilmente con la cortina, y que allí *pensaba*. *"¿Y qué piensas?"*, me dijo. *"Pienso en Dios, en la vida..., en la eternidad, bueno, pienso..."* La religiosa se rió mucho de mí. Más tarde le gustaba recordarme aquel tiempo en que yo *pensaba*, y me preguntaba si todavía seguía *pensando... Ahora comprendo que, sin saberlo, hacía oración y que ya Dios me instruía en lo secreto.*

Febrero 12

Dios mío, te ofrezco todas las acciones que hoy realice por las intenciones del Sagrado Corazón y para su gloria. Quiero santificar los latidos de mi corazón, mis pensamientos y mis obras más sencillas uniéndolo todo a sus méritos infinitos, y reparar mis faltas arrojándolas al horno ardiente de su amor misericordioso.

Febrero 13

Dios mío, te pido para mí y para todos mis seres queridos la gracia de cumplir con toda perfección tu voluntad y aceptar por tu amor las alegrías y los sufrimientos de esta vida pasajera, para que un día podamos reunirnos en el cielo por toda la eternidad. Amén.

Febrero 14

¡Niño Jesús!, mi único tesoro, yo me abandono a tus divinos caprichos, y no quiero otra alegría que la de hacerte sonreír. Imprime en mí tu gracia y tus virtudes infantiles, para que en el día de mi nacimiento para el cielo los ángeles y los santos reconozcan en mí a tu pequeña esposa.

Febrero 15

Hay cosas que si se exponen al aire pierden su perfume, y hay sentimientos del alma que no pueden traducirse al lenguaje de la tierra sin que pierdan su sentido íntimo y celestial. Son como aquella *piedra blanca en la que está escrito un nombre nuevo que nadie conoce fuera de aquel que lo recibe.* (Ap 2,17)

Febrero 16

¡Qué dulce fue el primer beso de Jesús a mi alma...! Fue un beso de amor. Me sentía amada, y al mismo tiempo decía: *"Te amo y me entrego a ti para siempre"*.

Febrero 17

No hubo preguntas, ni luchas, ni sacrificios. Desde hacía mucho tiempo, Jesús y la pobre Teresita se habían mirado y se habían comprendido... Aquel día no fue ya una mirada, sino una fusión. Ya no eran dos: Teresa había desaparecido como la gota de agua que se pierde en medio del océano. Sólo quedaba Jesús, él era el dueño, el rey. ¿No le había pedido Teresa que le quitara su libertad, pues su libertad le daba miedo? ¡Se sentía tan débil, tan frágil, que quería unirse para siempre a la Fuerza divina...!

Febrero 18

Cuando toda la alegría del cielo baja a un corazón, este corazón desterrado no puede soportarlo sin deshacerse en lágrimas...

Febrero 19

Sólo Jesús fue siempre mi dulzura inefable.

Febrero 20

Jesús, cuando eras peregrino en nuestra tierra, tú nos dijiste: *Aprendan de mí, que soy manso y humilde de corazón, y así encontrarán descanso* (Mt 11,29). Sí, poderoso Señor de los cielos, mi alma encuentra en ti su descanso al ver cómo, revestido de la forma y de la naturaleza de esclavo, te rebajas hasta lavar los pies a tus apóstoles. Entonces me acuerdo de aquellas palabras que pronunciaste para enseñarme a practicar la humildad: *Les he dado el ejemplo para que hagan lo mismo con ustedes. El discípulo no es más grande que su maestro... Ustedes serán felices si, sabiendo estas cosas, las practican* (Mt 10,24). Yo comprendo, Señor, estas palabras salidas de tu corazón manso y humilde, y quiero practicarlas con la ayuda de tu gracia.

Febrero 21

Quiero ser humilde y someter mi voluntad a la de mis hermanas, sin contradecirlas en nada y sin andar averiguando si tienen derecho o no a mandarme. Nadie, Amor mío, tenía ese derecho sobre ti, y sin embargo obedeciste, no sólo a la Virgen y a san José, sino hasta a tus mismos verdugos. Y ahora te veo colmar en la hostia la medida de tus anonadamientos. ¡Qué humildad la tuya, al someterte a todos tus sacerdotes, sin hacer distinción alguna entre los que te aman y los que, por desgracia, son tibios o fríos en tu servicio...! A su llamada, tú bajas del cielo; pueden adelantar o retrasar la hora del santo sacrificio, que tú estás siempre pronto a su voz...

Febrero 22

¡Qué manso y humilde de corazón me pareces, Amor mío, bajo el velo de la blanca hostia! Ya no puedes abajarte más para enseñarme la humildad. Por eso, para responder a tu amor, yo también quiero desear que mis hermanas me pongan siempre en el último lugar y convencerme de que ése es precisamente mi sitio.

Febrero 23

Te ruego, divino Jesús, que me envíes una humillación cada vez que yo intente colocarme por encima de los demás. Yo sé bien, Dios mío, que al alma orgullosa tú la humillas y que a la que se humilla le concedes una eternidad gloriosa; por eso quiero ponerme en el último lugar y compartir tus humillaciones, para "tener parte contigo" en el Reino de los cielos.

Febrero 24

Pero tú, Señor, conoces mi debilidad. Cada mañana hago el propósito de practicar la humildad, y por la noche reconozco que he vuelto a cometer muchas faltas de orgullo. Al ver esto me siento tentada por el desaliento, pero sé que el desaliento es también una forma de orgullo. Por eso, quiero, Dios mío, fundar mi esperanza sólo en ti. Ya que tú lo puedes todo, haz nacer en mi alma la virtud que deseo. Para alcanzar esta gracia de tu infinita misericordia, te repetiré muchas veces: *"¡Jesús manso y humilde de corazón, haz mi corazón semejante al tuyo!"*

Febrero 25

Reconozco que sin Él, habría podido caer tan bajo como santa María Magdalena, y las profundas palabras de Nuestro Señor a Simón resuenan con gran dulzura en mi alma... Lo sé muy bien: *Al que poco se le perdona, poco ama* (Lc 7,47). Pero sé también que a mí Jesús me ha perdonado mucho más que a santa María Magdalena, pues me ha perdonado por adelantado, impidiéndome caer.

Febrero 26

Supongamos que el hijo de un doctor muy competente encuentra en su camino una piedra que lo hace caer, y que en la caída se rompe un miembro. Su padre acude enseguida, lo levanta con amor y cura sus heridas, valiéndose para ello de todos los recursos de su ciencia; y pronto su hijo, completamente curado, le demuestra su gratitud. ¡Qué duda cabe de que a ese hijo le sobran motivos para amar a su padre!

Pero voy a hacer otra suposición. El padre, sabiendo que en el camino que va a recorrer su hijo hay una piedra, se apresura a ir antes que él y la retira (sin que nadie lo vea). Ciertamente que el hijo, objeto de la ternura previsora de su padre, si *desconoce* la desgracia de la que su padre lo ha librado, no le manifestará su gratitud y lo amará menos que si lo hubiera curado... Pero si llega a saber el peligro del que acaba de librarse, ¿no lo amará todavía mucho más?

Febrero 27

Yo soy esa hija, objeto del amor previsor de un Padre que no ha enviado a su Verbo a rescatar a los justos sino a los pecadores. Él quiere que yo lo ame porque me ha perdonado mucho; no mucho, sino todo. No ha esperado a que yo lo ame mucho, como santa María Magdalena, sino que ha querido que *yo sepa* hasta qué punto él me ha amado a mí, con un amor de admirable prevención, para que ahora yo lo ame a él ¡con locura...!

Febrero 28

He oído decir que no se ha encontrado todavía un alma pura que haya amado más que un alma arrepentida. ¡Cómo me gustaría desmentir esas palabras...!

"La vida es tu navío,
no tu morada."

Marzo

Marzo 1

A veces me sentía sola, muy sola. Como en los días de mi vida de internado, cuando me paseaba triste y enferma por el enorme patio, no me cansaba de repetir estas palabras, que hacían renacer siempre la paz y la fuerza en mi corazón: *"La vida es tu navío, no tu morada"*. Cuando era muy pequeña, estas palabras me levantaban el ánimo. Y todavía hoy, a pesar de los años, que hacen que desaparezcan tantos sentimientos de piedad infantil, la imagen del navío sigue cautivando mi alma y la ayuda a soportar el destierro...

Marzo 2

¿No dice la Sabiduría que la vida es como *una nave que surca el mar agitado, sin que pueda descubrirse la huella de su paso...?* (Sab 5,10).

Marzo 3

Una señora decía que yo tenía un pelo precioso; otra, al despedirse, creyendo que yo no la oía, preguntaba quién era aquella chica tan bonita. Y esas palabras, tanto más halagadoras cuanto que no se decían adelante mío, dejaban en mi alma una sensación de placer que me demostraba a las claras lo llena de amor propio que yo estaba.

Marzo 4

En el colegio muchas veces subía al coro de la capilla y me quedaba ahí delante del Santísimo hasta que papá venía a buscarme.

Este era mi único consuelo. ¿No era, acaso, Jesús mi único amigo...? No sabía hablar con nadie más que con él.

Marzo 5

Al saber que mi hermana María iba a entrar al Carmelo, mi cuarto perdió para mí todo su encanto. No quería separarme ni un solo instante de la hermana querida que pronto iba a levantar el vuelo... ¡Cuántos actos de paciencia le hice practicar! Cada vez que pasaba por la puerta de su habitación, golpeaba hasta que me abría y la besaba con toda el alma; quería hacer provisión de besos para todo el tiempo que iba a verme privada de ellos.

Marzo 6

De nuestra alegre y numerosa familia ya sólo quedaban las dos últimas hijas... Las palomas habían huido del nido paterno, y las que aun quedaban habrían querido volar detrás de ellas, pero sus alas eran aun demasiado débiles para que pudieran levantar el vuelo...

Dios, que quería llamar hacia sí a la más pequeña y más débil de todas, se apresuró a hacerle crecer las alas. Él, que se complace en mostrar su bondad y su poder sirviéndose de los instrumentos menos dignos, quiso llamarme a mí antes que a Celina, que sin duda merecía más que yo este favor. Pero Jesús conocía muy bien mi debilidad, y por eso me escondió a mí primero en las cavernas de la roca.

Marzo 7

Cuando mi hermana María entró en el Carmelo, yo era todavía muy inmadura. Como ya no podía confiarme a ella, me volví hacia el cielo y me puse a rezar. Pronto la paz vino a inundar mi alma con sus olas deliciosas, y comprendí que si era amada en la tierra, también lo era en el cielo...

Marzo 8

Yo podía decirle a Jesús, igual que los apóstoles: *Señor, me he pasado la noche tra-*

jando y no he pescado nada (Lc 5,5). Y más misericordioso todavía conmigo que con los apóstoles, Jesús mismo tomó la red, la echó y la sacó repleta de peces... Hizo de mí un pescador de almas, y sentí un gran deseo de trabajar por la conversión de los pecadores, deseo que no había sentido antes con tanta intensidad...

Marzo 9

Un día sentí que entraba en mi corazón la caridad, sentí la necesidad de olvidarme de mí misma para dar gusto a los demás, ¡y desde entonces fui feliz...!

Marzo 10

Un domingo, mirando una estampa de Nuestro Señor en la cruz, me sentí profundamente impresionada por la sangre que caía de una de sus divinas manos. Sentí un gran dolor al pensar que aquella sangre caía al suelo sin que nadie se apresurara a recogerla. Tomé la resolución de estar siempre con el espíritu al pie de la cruz para recibir el rocío divino que goteaba de ella, y comprendí que luego tendría que derramarlo sobre las almas.

Marzo 11

Mi deseo de salvar almas fue creciendo de día en día. Me parecía oír a Jesús decirme como a la Samaritana: *¡Dame de beber!* (Jn 4,7).

Era un verdadero intercambio de amor: yo daba a las almas la sangre de Jesús, y a Jesús le ofrecía esas mismas almas refrescadas por su rocío divino. Así me parecía que aplacaba su sed. Y cuanto más le daba de beber, más crecía la sed de mi pobre alma, y esta sed ardiente que él me daba era la bebida más deliciosa de su amor...

Marzo 12

Todas las grandes verdades de la fe producían en mi alma una felicidad que no era de esta tierra... Vislumbraba ya lo que Dios tiene reservado para los que lo aman (pero no con los ojos del cuerpo, sino con los del corazón). Y viendo que las recompensas eternas no guardaban la menor proporción con los insignificantes sacrificios de la vida, quería amar, amar apasionadamente a Jesús y darle mil muestras de amor mientras pudiera...

Marzo 13

Mi hermana Celina y yo seguíamos muy rápido las huellas de Jesús. Las chispas de amor que él sembraba a manos llenas en nuestras almas y el vino fuerte y delicioso que nos daba para beber hacían desaparecer de nuestra vida las cosas pasajeras, y de nuestros labios brotaban emisiones de amor inspiradas por él.

Marzo 14

¡Que dulces eran las conversaciones que todas las noches teníamos en el mirador! Con la mirada hundida en la lejanía, contemplábamos la blanca luna que se elevaba lentamente por detrás de los árboles... y los reflejos plateados que derramaba sobre la naturaleza dormida, las brillantes estrellas que titilaban en el azul profundo..., el soplo ligero de la brisa nocturna que hacía flotar las nubes de nieve. Y todo elevaba nuestras almas hacia el cielo, del que no contemplábamos todavía más que *el límpido reverso...*

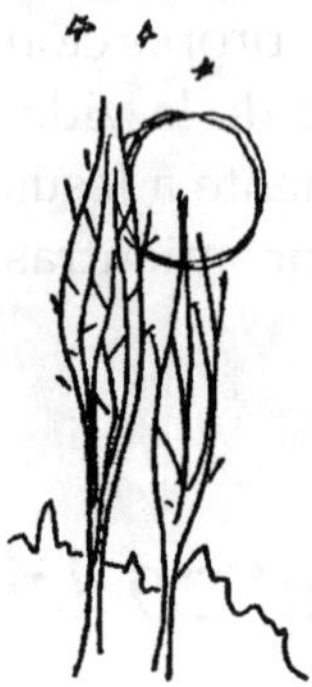

Marzo 15

Como dice la *Imitación,* a veces Dios se comunica en medio de un fuerte resplandor, a veces *"tenuemente velado, bajo sombras y figuras"* (III,43,4). De esta manera se dignaba manifestarse a nuestras almas, ¡pero qué fino y transparente era el velo que ocultaba a Jesús de nuestras miradas...! No había lugar para la duda, ya no eran necesarias la fe ni la esperanza: el amor nos hacía encontrar en la tierra al que buscábamos.

Marzo 16

La noche del Amor, ya sin parábolas,
Jesús decía: "Si alguien quiere amarme,
toda su vida guarde mi palabra;
y lo visitaremos yo ¡y mi Padre!
Viniendo a él, por siempre lo amaremos,
¡su corazón será nuestra mansión...!
¡Queremos que él esté, lleno de paz,
en nuestro Amor...!

Vivir de Amor quiere decir tener-Te,
Verbo increado, de mi Dios Palabra.
Tú bien sabes, Jesús, que yo te amo
y el Amor de tu Espíritu me inflama.
Sé que, amándote a ti, me atraigo al Padre

y lo guarda mi pobre corazón.
¡Oh, Trinidad, los Tres son prisioneros
de mi amor...!

Marzo 17

Vivir de amor vivir es de tu vida,
glorioso Rey, delicia de los santos.
Por mí vives oculto en una hostia,
¡por ti quiero esconderme en el sagrario!
Soledad necesitan los amantes,
siempre estar corazón con corazón.
Me hace feliz tan solo tu mirada,
¡vivo de amor...!

Vivir de amor, aquí sobre la tierra,
no es instalar mi tienda en el Tabor;
¡es subir con Jesús hasta el Calvario
y abrazar de su cruz la gran razón...!
En el cielo, mi vida será el gozo,
allí nunca jamás habrá dolor.
Mas quiero, entre las penas del destierro,
¡vivir de amor!

Marzo 18

Vivir de amor es darse sin medida,
sin reclamar salario aquí en la tierra.
Yo doy sin llevar cuentas, ¡muy segura
de que en amor el cálculo no entra...!
Lo he dado todo al Corazón divino,
pura ternura...; así, ligera voy
sin más carga que mi única riqueza:
vivir de amor.

Vivir de amor es disipar el miedo
y el recuerdo de faltas del pasado.
De mis pecados no percibo huellas,
porque el amor de Dios las ha borrado...
¡Llama divina, purgadora hoguera!,
mi morada establezco en tu fogón,
y entre tus llamas yo canto a mi gusto:
¡Vivo de amor!

Marzo 19

Vivir de amor guardar es en sí misma
un gran tesoro en un vaso mortal;

mi flaqueza es extrema, Amado mío,
¡lejos de ser un ángel celestial...!
Mas si es verdad que caigo a cada paso,
vienes, por levantarme, en mi favor;
a cada instante tú me das tu gracia:
¡Vivo de amor!

Vivir de amor es navegar sin tregua,
sembrando paz y gozo en las Hermanas;
me urge la caridad, Piloto amado,
pues te veo de todas en las almas.
La caridad me guía, ella es mi estrella,
a su luz voy bogando sin error.
Mi divisa está escrita en mi velamen:
"Vivir de amor".

Marzo 20

Vivir de amor, cuando Jesús se duerme
en medio de un mar embravecido...,
¡oh, no temas, Señor, que te despierte!,
espero en paz la celestial orilla...
La fe muy pronto romperá su velo,
la esperanza adivina tu fulgor,
la caridad mi vela hinchada empuja.
¡vivo de amor...!

Vivir de amor es, ¡oh, mi buen Maestro!,
suplicarte que extiendas más tu fuego
de tus ministros en las sagradas almas,
¡hazlos más puros que ángeles del cielo...!
A tu Iglesia inmortal llena de gloria,
Jesús, no te hagas sordo a mi clamor,
yo por ella me inmolo, soy su hija,
vivo de amor.

Marzo 21

Vivir de amor: que yo imite a María,
lavándote con lágrimas y ungüentos
los pies divinos que arrobada besa
y enjuga con sus fúlgidos cabellos...
Se levanta después y quiebra el vaso
y tu Rostro embalsama con unción.
¡El ungüento con que unjo yo tu Faz
es mi amor...!

"Vivir de amor, ¡oh qué locura extraña!
–me dice el mundo–, *deja de cantar,*
no pierdas tus perfumes ni tu vida;
¡útilmente los debes emplear...!"
¡Jesús, amarte es pérdida fecunda!

Mis perfumes por siempre te los doy,
cantaré cuando salga de este mundo:
"*¡Muero de amor!*"

Marzo 22

Morir de amor es muy dulce martirio,
¡es el martirio que sufrir quisiera!
Afinen, querubines, sus liras,
¡siento que de mi exilio el fin se acerca...!
Llama de amor, consúmeme sin pausa,
vida fugaz, tu carga es mi opresión.
Dulce Jesús, mi sueño se realiza:
¡Morir de amor...!

Morir de amor, es ésta mi esperanza,
cuando vea romperse mis cadenas;
otros bienes no quiero poseer,
mi Dios será mi grande recompensa.
Por su amor abrasada quiero ser,
deseo verlo en eternal fusión.
Ése es mi cielo..., ése es mi destino...
¡¡¡Vivir de amor...!!!

Marzo 23

Cuando un jardinero rodea de cuidados a una fruta que quiere que madure antes de tiempo, no es para dejarla colgada en el árbol, sino para presentarla en una mesa ricamente servida. Con parecida intención prodigaba Jesús sus gracias a su pequeña flor... Él, que en los días de su vida mortal exclamó en un transporte de alegría: *Te alabo, Padre, por haber ocultado estas cosas a los sabios y a los prudentes y haberlas revelado a los pequeños* (Lc 10,21), quería hacer resplandecer en mí su misericordia. Porque yo era débil y pequeña, se abajaba hasta mí y me instruía en secreto en las cosas de su amor.

Marzo 24

Si los sabios que se pasan la vida estudiando hubiesen venido a preguntarme, se hubieran quedado asombrados al ver a una adolescente de catorce años comprender los secretos de la perfección, unos secretos que toda su ciencia no puede descubrirles a ellos porque para poseerlos es necesario ser pobres de espíritu...

Marzo 25

La llamada divina era tan apremiante, que si hubiera tenido que pasar por entre llamas, lo habría hecho por ser fiel a Jesús.

Marzo 26

Dios, al tender la mano para seguir pidiendo, no la presenta vacía: sus amigos más queridos pueden beber en ella, y con abundancia, la fuerza y el valor que tanto necesitan...

Marzo 27

En mi alma había cesado la noche. Jesús, despertándose, me había devuelto la alegría, el ruido de las olas se había calmado. En lugar del viento de la prueba, henchía mi vela una brisa ligera, y yo creía que pronto llegaría a la ribera bendita que ya divisaba muy cerca de mí. Y esa ribera estaba, en efecto, muy cerca de mi barquilla; pero aún debía levantarse más que una tormenta, que ocultaría a su vista el faro luminoso, haciéndolo temer que se había alejado para siempre de la playa tan ardientemente deseada...

Marzo 28

Crecía en el amor de Dios. Sentía en mi corazón unos ímpetus que hasta entonces no conocía. A veces tenía verdaderos transportes de amor. Una noche, no sabiendo cómo decirle a Jesús que lo amaba y cómo deseaba que fuese amado y glorificado en todas partes, pensé con dolor que él nunca podría recibir en el infierno un solo acto de amor; y entonces le dije a Dios que, por agradarlo, aceptaría gustosa verme sumergida allí, a fin de que fuese amado eternamente en ese lugar... Yo sabía bien que eso no podía glorificarlo, porque él sólo desea nuestra felicidad. Pero cuando se ama, una siente necesidad de decir mil locuras.

Marzo 29

Si hablaba de esa manera, no era porque el cielo no atrajera mis deseos, sino porque en aquel entonces mi único cielo era el amor, y sentía, como san Pablo, que nada podría apartarme del objeto divino que me había hechizado...

Marzo 30

Dios me concedió el consuelo de contemplar de cerca las almas de los niños. Entonces comprendí la desgracia que supone el no formarlas bien desde su mismo despertar, cuando se asemejan a la cera blanda sobre la que se puede dejar grabada la huella de las virtudes, pero también la huella del mal...

Marzo 31

¡Cuántas almas llegarían a la santidad si fuesen bien dirigidas...!

"Me ofrecí al Niño Jesús
para ser su pequeño juguete,
una pelotita sin valor."

Abril

Abril 1

Desde hacía algún tiempo, me había ofrecido al Niño Jesús para ser su pequeño juguete. Le había dicho que no me tratara como a uno de esos juguetes caros que los niños se contentan con mirar sin atreverse a tocarlos, sino como a una pelotita sin valor que pudiera tirar al suelo, o golpear con el pie, o agujerear, o dejarla en un rincón, o bien, si lo quería, estrecharla contra su corazón. En una palabra, quería divertir al Niño Jesús, agradarle, entregarme a sus caprichos infantiles... Y él había escuchado mi oración...

Abril 2

Sé muy bien que Dios no tiene necesidad de nadie para realizar su obra. Pero así como permite a un hábil jardinero cultivar plantas delicadas y le da para ello los conocimientos necesarios, reservándose para sí la misión de fecundarlas, de la misma manera quiere Jesús ser ayudado en su divino cultivo de las almas.

Abril 3

¿Qué ocurriría si un jardinero torpe no injertara bien los árboles? ¿Si no conociera bien la naturaleza de cada uno de ellos y se empeñara en hacer brotar rosas de un ciruelo...? Haría morir al árbol, que, sin embargo, era bueno y capaz de producir frutos.

De la misma manera hay que saber reconocer desde la infancia lo que Dios pide a las almas y secundar la acción de su gracia, sin acelerarla ni frenarla nunca.

Abril 4

Como los pajaritos aprenden a cantar escuchando a sus padres, así los niños aprenden la ciencia de las virtudes, el canto sublime del amor de Dios, de las almas encargadas de formarlos para la vida.

Abril 5

En nuestro viaje a Roma, Celina y yo, que nunca habíamos vivido entre personas del gran mundo, nos encontramos metidas en medio de la nobleza, de la cual se componía casi exclusivamente la peregrinación. Pero todos aquellos títulos y aquellos "de", lejos de deslumbrarnos, no nos parecían más que humo... Vistos de lejos, me habían ofuscado un poco alguna vez, pero de cerca, vi que *"no todo lo que brilla es oro"* y comprendí estas palabras de la Imitación: *No vayas tras esa sombra que se llama el gran nombre, ni desees tener muchas e importantes relaciones, ni la amistad especial de ningún hombre* (III,24,2).

Abril 6

Comprendí que la verdadera grandeza está en el alma, y no en el nombre, porque como dice Isaías: *El Señor dará otro nombre a sus elegidos* (65,15). Sólo en el cielo conoceremos nuestros títulos de nobleza. Entonces cada cual recibirá de Dios la alabanza que merece. Y el que en la tierra haya querido ser el más pobre y el más olvidado, por amor a Jesús, ¡ése será el primero y el más noble y el más rico...!

Abril 7

Durante un mes conviví con muchos sacerdotes santos, y pude ver que, si su sublime dignidad los eleva por encima de los ángeles, no por eso dejan de ser hombres débiles y frágiles... Si los sacerdotes santos, a los que Jesús llama en el Evangelio "sal de la tierra", muestran en su conducta que tienen una enorme necesidad de que se rece por ellos, ¿qué habrá que decir de los que son tibios? ¿No ha dicho también Jesús: *Si la sal pierde su sabor, con qué se la volverá a salar*? (Mt 5,13).

Abril 8

¡Qué hermosa es la vocación que tiene como objeto conservar la sal destinada a las almas! Y ésta es la vocación del Carmelo, porque el único fin de nuestras oraciones y de nuestros sacrificios es ser apóstoles de apóstoles, rezando por ellos mientras ellos evangelizan a las almas con su palabra, y sobre todo con su ejemplo...

Abril 9

Llegamos a París por la mañana, y comenzamos enseguida a visitar la ciudad. Nuestro pobre padre se desvivió por complacernos, así que en poco tiempo teníamos vistas todas las maravillas de la capital.

Yo sólo encontré una que verdaderamente me encantara y esa maravilla fue *Nuestra Señora de las Victorias*. ¡Imposible decir lo que sentí a sus pies...! Las gracias que me concedió me emocionaron tan profundamente, que sólo mis lágrimas traducían mi felicidad, como en el día de mi primera comunión... La Santísima Virgen me hizo sentir que había sido realmente ella la que me había sonreído y curado. Comprendí que velaba por mí y que yo era su hija; y que, entonces, yo no podía darle ya otro nombre que el de *"mamá"*, que me parecía mucho más tierno que el de Madre...

Abril 10

Para el puro todo es puro y las almas sencillas y rectas no ven mal en ninguna parte, porque el mal sólo existe en los corazones impuros y no en los objetos inanimados...

Abril 11

Antes de llegar a la ciudad eterna, meta de nuestra peregrinación, tuvimos ocasión de contemplar muchas maravillas. La contemplación de toda esa hermosura hacía nacer en mi alma pensamientos muy profundos. Me parecía comprender ya en la tierra la grandeza de Dios y las maravillas del cielo...

Abril 12

La vida religiosa se me aparecía tal cual es, con sus sujeciones y sus pequeños sacrificios realizados en la sombra. Comprendía lo fácil que es replegarse sobre uno mismo y olvidar el fin sublime de la propia vocación, y pensaba: Más tarde, en la hora de la prueba, cuando en el Carmelo no pueda contemplar más que una esquinita del cielo estrellado, me acordaré de lo que estoy viendo hoy; y ese pensamiento me dará valor; y al ver la grandeza y el poder de Dios –el único a quien quiero amar–, olvidaré fácilmente mis pobres y mezquinos intereses.

Abril 13

Ahora que mi corazón ha visto lo que Jesús tiene preparado para los que lo aman, no tendré la desgracia de apegarme a unas hojas secas...

Abril 14

Después de haber admirado el poder de Dios, pude también admirar el que él ha concedido a sus criaturas... Una de las más dulces fue la que me hizo estremecerme a la vista del Coliseo. Por fin, podía ver aquella arena en la que tantos mártires habían derramado su sangre por Jesús, y ya me disponía a besar la tierra que ellos habían santificado. Al posar los labios sobre el polvo purpurado por la sangre de los primeros cristianos, me latía fuertemente el corazón. Pedí la gracia de morir también mártir por Jesús, y sentí en el fondo del corazón que mi oración había sido escuchada...

Abril 15

Comprendí bien que la alegría no se halla en las cosas que nos rodean, sino en lo más íntimo de nuestra alma; se la puede poseer lo mismo en una prisión que en un palacio. La prueba está en que soy más feliz en el Carmelo, aun en medio de mis sufrimientos interiores y exteriores, que entonces en el mundo, rodeada de las comodidades de la vida y sobre todo de la ternura del hogar paterno...

Abril 16

Dios mío, con la ayuda de tu gracia estoy dispuesta a derramar toda mi sangre por profesar mi fe...

Abril 17

Despreciando los gozos de este mundo,
de Jesús he quedado prisionera.
Todo placer fugaz lo considero,
¡Tú eres, Señor, el Bien que me contenta...!

Bajo mis pies la hierba queda ajada,
¡las flores en mi mano se marchitan...!
¡Quiero correr, Jesús, por tus praderas,
donde los pies no marcan cuando pisan.

Abril 18

Tu amor sólo es, Jesús, el que me atrae.
Mi rebaño abandono en la llanura,
en guardarlo ya no pongo cuidado
sólo un nuevo Cordero a mi alma gusta.

Jesús, tú eres mi Cordero amado.
¡Tan sólo tú me bastas, Bien supremo!
¡Todo lo tengo en ti: la tierra, el cielo!
¡Eres mi Flor selecta, oh Rey eterno...!

Abril 19

Tengo en ti el esplendor del universo:
el arcoiris, la nieve inmaculada,
las lejanas islas..., las maduras mieses,
la primavera, el campo en las mañanas.

Tengo los barcos que huyen de la playa,
el surco de oro y la tranquila costa,
y la brasa del sol, cuando las nubes
de luz crepuscular platea y dora.

Abril 20

Tú que los mundos tienes en tu mano,
tú que plantas las selvas imposibles,
y de un golpe de vista las fecundas,
¡con mirada de amor siempre me sigues...!

Por la luz de las llamas atraída,
la mariposa en fuego se consume;
así, tu amor, Jesús, mi alma atrae.
¡Quiero volar y arder en esa lumbre...!

Abril 21

Oigo ya, mi Señor, que se aproxima
la bienandanza de tu eterna fiesta...
Tomaré de los sauces mi arpa muda,
iré a sentarme muy cerca de ti,
¡y, en ti mis ojos, pulsaré sus cuerdas...!

Contigo, yo contemplaré a María,
los santos, mi familia tan amada...
¡Después de este destierro encontraré
el Hogar paternal allá en la Patria...!

Abril 22

Por el tiempo de su primera comunión, Teresita me pidió que le permitiera hacer todos los días media hora de oración. No quise concedérselo. Entonces me pidió hacerlo sólo un cuarto de hora. Tampoco se lo concedí. Me parecía totalmente piadosa y tan elevadamente entendida en las cosas del cielo, que tuve miedo, por decirlo así: temí que Dios se la llevara demasiado pronto.

Abril 23

El día en que mi padre resolvió que Celina recibiera lecciones de pintura, le dijo a Teresa, que contaba apenas diez años: *"Y tú, ¿quieres también aprender dibujo? ¿Te gustaría?"* Sin pensar que yo iba a ser para ella causa de un gran sacrificio, intervine diciendo convencida: *"Va a ser dinero tirado, porque Teresa no tiene las mismas disposiciones que Celina"*. Como Teresa no dijo ni una sola palabra, las cosas quedaron así, y no aprendió dibujo. Fue en el Carmelo donde nos confió el sacrificio que eso había significado para ella. Y cuando le dije que hubiera bastado que manifestase en aquella ocasión su deseo, contestó: *"Sí, pero no quería negar nada a Dios"*.

Abril 24

Aún hoy sigo sin comprender por qué en Italia se excomulga tan fácilmente a las mujeres... ¡Que despreciadas son...! Sin embargo, ellas aman a Dios en número mucho mayor que los hombres, y durante la pasión de Nuestro Señor las mujerres tuvieron más valor que los apóstoles, porque desafiaron los insultos de los soldados y se atrevieron a enjugar el rostro adorable de Jesús... Seguramente por eso él permite que el desprecio sea su lote en la tierra, ya que lo escogió también para sí mismo... En el cielo demostrará claramente que sus pensamientos no son los de los hombres, porque entonces los últimos serán los primeros...

Abril 25

Después de visitar también Pisa y Génova, volvimos a Francia... Y a la vista de todas aquellas cosas hermosas, que yo miraba por primera y por última vez en mi vida, ¡mi alma se llenaba de poesía...!

Pero las veía desvanecerse sin la menor pena. Mi corazón aspiraba a otras maravillas. Había contemplado ya bastantes bellezas de la tierra, y sólo las del cielo eran ya el objeto de sus deseos.

Abril 26

Mi corazón ardiente quiere darse sin tregua, siente necesidad de mostrar su ternura. Mas ¿quién puede comprender mi amor, qué corazón podrá corresponder a mi entrega profunda...? Pero esa recompensa yo la reclamo en vano; Jesús, tú solo puedes saciar mi alma. Nada sobre la tierra logra fascinarme, la verdadera dicha no se encuentra aquí nunca... Mi única paz, mi único amor, mi única dicha, Señor, eres tú.

Abril 27

Tú supiste crear el corazón de madre, ¡entre todos los padres yo encuentro en ti al más tierno!, y tu corazón me es aún más que maternal, Jesús, mi único amor, Verbo eterno del Padre. A mí en todo momento me sigues y me guardas, y así, cuando te llamo, te tengo siempre cerca. Si a veces pareces escondido en silencio, tú mismo me estimulas para ir a tu encuentro.

Abril 28

Solamente a ti, Jesús, estoy atada; me refugio en tus brazos y me siento a cubierto, deseo así luchar como un valiente soldado; quiero amarte, Jesús, como un niño cariñoso. Yo deseo, Señor, colmarte de caricias como un niño mimoso, experto en halagos, y en la dura tarea del santo apostolado ¡lanzarme al combate como un bravo guerrero...!

Abril 29

Tu corazón que cuida y salva la inocencia, ¡no podría frustrar mi filial confianza! De que iré al cielo a verte tras este breve exilio, en ti, Señor, mantengo segura mi esperanza... Cuando en mi corazón estalla la tormenta, a tu rostro, Jesús, levanto la mirada, y en tus ojos yo leo tu gran misericordia: *"Por ti, hija, si el cielo no existiera, ¡lo crearía!"*

Abril 30

Bien sé que mis suspiros y mis lágrimas sinceras destellan ante ti placenteros encantos. Los serafines forman en el cielo tu corte, ¡con todo, tú te humillas, mendigando mi amor fiel...! Quieres mi corazón, Jesús, yo te lo entrego y todos mis deseos los pongo entre tus manos. ¡Oh, mi Esposo, mi Rey, que sólo ame por ti, en la tierra y el cielo, a todos cuantos amo!

*"He venido al Carmelo
para salvar almas."*

Mayo

Mayo 1

Sí, el sufrimiento me tendió sus brazos, y yo me arrojé en ellos con amor... A los pies de Jesús-Hostia, en el interrogatorio que precedió a mi profesión, declaré lo que venía a hacer en el Carmelo: *"He venido para salvar almas, y, sobre todo, para orar por los sacerdotes"*.

Mayo 2

Durante cinco años, éste fue mi camino. Pero, en mi exterior, nada revelaba mi sufrimiento, tanto más doloroso que sólo yo lo conocía. ¡Qué sorpresas nos llevaremos al final del mundo cuando leamos la historia de las almas...!

Mayo 3

Como no estaba acostumbrada a hablar de mi alma, no sabía expresar lo que sucedía en mi interior. Una Hermana ya mayor intuyó un día lo que me pasaba y me dijo, sonriendo, en la recreación: *"Me parece que no debes tener gran cosa que decir a las superioras". "¿Por qué dice eso?" "Porque tu alma es extremadamente sencilla; y cuando seas perfecta, serás más sencilla todavía, porque cuanto uno más se acerca a Dios, más se simplifica".*

Mayo 4

He dicho que Jesús había sido "mi director espiritual". Cuando entré en el Carmelo, conocí al que podía haberlo sido. Pero apenas me había admitido entre el número de sus hijas, tuvo que partir para el exilio... Así que sólo lo conocí para perderlo enseguida... Reducida a no recibir de él más que una carta al año, por doce que yo le escribía, pronto mi corazón se volvió hacia el Director de los directores, y él fue quien me instruyó en esa ciencia escondida a los sabios y a los prudentes, que él quiere revelar a los más pequeños...

Mayo 5

La pequeña flor trasplantada a la montaña del Carmelo tenía que abrirse a la sombra de la cruz; las lágrimas y la sangre de Jesús fueron su rocío, y su rostro adorable velado por el llanto fue su sol...

Mayo 6

¡Qué misericordioso es el camino por donde me ha llevado siempre Dios! Nunca me ha hecho desear algo que luego no me haya concedido. Por eso, su cáliz amargo siempre me ha parecido delicioso...

Mayo 7

Un día, durante la oración, comprendí que mi deseo tan intenso de hacer la profesión iba mezclado con un gran amor propio. Si me había entregado a Jesús para agradarle y consolarlo, no debía obligarlo a hacer *mi* voluntad en lugar de la suya.

Mayo 8

Al principio de mi vida espiritual, hacia los 13 ó los 14 años, me preguntaba qué progresos tendría que hacer más adelante, porque creía que no podía comprender ya mejor la perfección. Pero no tardé en convencerme de que cuanto más adelanta uno en este camino, más lejos se ve del final. Por eso, ahora me resigno a verme siempre imperfecta, y encuentro en eso mi alegría...

Mayo 9

Una noche, después de la oración, busqué en vano nuestra lamparita en los estantes destinados a ese fin. Era tiempo de silencio riguroso, por lo que no podía reclamarla... Supuse que alguna hermana, creyendo tomar su lámpara, había tomado la mía que, por cierto, yo necesitaba mucho. En vez de disgustarme por verme privada de ella, me alegré mucho, pensando que la pobreza consiste en verse una privada, no sólo de las cosas superfluas, sino también de las indispensables. Y de esa manera, en medio de las tinieblas exteriores, fui iluminada interiormente...

Mayo 10

Hacía también grandes esfuerzos por no disculparme, lo cual me resultaba muy difícil, sobre todo con nuestra maestra de novicias, a la que no quería ocultarle nada.

He aquí mi primera victoria, que no fue grande, pero que me costó mucho. Se encontró roto un vasito colocado detrás de una ventana. Nuestra maestra, creyendo que había sido yo quien lo había tirado, me lo enseñó, diciendo que otra vez tuviera más cuidado. Sin decir nada, prometí ser más cuidadosa en adelante.

Mayo 11

Me aplicaba, sobre todo, a la práctica de las virtudes pequeñas, al no tener facilidad para practicar las grandes. Así, por ejemplo, me gustaba plegar las capas que dejaban olvidadas las hermanas y prestarles todos los pequeños servicios que podía.

Mayo 12

¡Oh Jesús, divino esposo mío!, que nunca pierda yo la segunda vestidura de mi bautismo. Llévame antes de que cometa la más leve falta voluntaria. Que nunca busque yo, y que nunca encuentre, alguna cosa fuera de ti; que las criaturas no sean nada para mí y que yo no sea nada para ellas, sino que tú, Jesús, ¡lo seas todo...! Que las cosas de la tierra no lleguen nunca a turbar mi alma, y que nada turbe mi paz. Jesús, no te pido más que la paz, y también el amor, un amor infinito y sin más fronteras que tú mismo, un amor cuyo centro no sea yo sino tú, Jesús mío.

Mayo 13

Jesús, que yo muera mártir por ti, con el martirio del corazón o con el del cuerpo, o mejor con los dos... Concédeme cumplir mis votos con toda perfección, y hazme comprender cómo debe ser una esposa tuya. Haz que nunca sea yo una carga para la comunidad, sino que nadie se ocupe de mí, que me vea pisada y olvidada como un granito de arena tuyo, Jesús.

Mayo 14

Que se cumpla en mí perfectamente tu voluntad, y que yo llegue al lugar al que tú has ido por delante a prepararme...

Jesús, haz que yo salve muchas almas, que hoy no se condene ni una sola, y que todas las almas del purgatorio alcancen la salvación...

Jesús, perdóname si digo cosas que no debiera decir; sólo quiero alegrarte y consolarte.

Mayo 15

Verdaderamente estoy lejos de ser santa. En vez de alegrarme de mi sequedad, debería atribuirla a mi falta de fervor y de fidelidad. Debería entristecerme por dormirme (¡después de siete años!) en la oración y durante la acción de gracias. Pues bien, no me entristezco... Pienso que los niños agradan tanto a sus padres mientras duermen como cuando están despiertos; pienso que los médicos, para hacer las operaciones, duermen a los enfermos. En una palabra, pienso que el Señor *conoce de qué estamos hechos, sabe muy bien que no somos más que polvo* (Sal 102,14).

Mayo 16

He observado muchas veces que Jesús no quiere que haga provisiones. Me alimenta momento a momento con un alimento totalmente nuevo, que encuentro en mí sin saber de dónde viene... Creo simplemente que Jesús mismo, escondido en el fondo de mi pobre corazón, es quien me concede la gracia de actuar en mí y quien me hace descubrir lo que él quiere que haga en cada momento.

Mayo 17

La nota característica de este período de su vida, que se extiende desde su entrada en el Carmelo hasta la época en que le fueron encomendadas las novicias, fue la humildad, el cuidado de ser fiel aun en las cosas más pequeñas, a pesar de sus constantes arideces de espíritu.

Mayo 18

En la recreación, y en otros momentos, se privaba de estar con nosotras y buscaba preferentemente a las hermanas que se mostraban menos simpáticas con ella.

Mayo 19

Durante toda su vida se vio sometida a las arideces del espíritu. Cuando sus penas se hacían mayores, la lectura de los autores espirituales la dejaba en la sequedad, pero el santo Evangelio, que llevaba constantemente sobre su pecho, ocupaba entonces su espíritu y alimentaba su alma.

Mayo 20

La confianza en Dios se había convertido como en el sello especial de su alma. Se entregó toda entera a la confianza en Dios. Buscó en los Libros Sagrados la aprobación a su audacia. Repetía complacidamente el dicho de san Juan de la Cruz: *Tanto se alcanza de Dios cuanto de él se espera* (Noche oscura, 2,21,8). Decía también haber encontrado un "ascensor", es decir, los brazos de Jesús, para ir al cielo. En ese ascensor descansaba ella sin miedo alguno, sin temer los males de esta vida.

Mayo 21

Glorioso guardián de mi alma,
que en el bello cielo brillas,
junto al trono del Eterno,
como llama pura y viva;
tú bajas por mí a la tierra,
con tu esplendor me iluminas,
te haces mi amigo, mi hermano,
consuelo que me anima...

Mayo 22

Conociendo mi flaqueza,
tú de la mano me guías,
y te veo con ternura
quitar piedras de mi vía.
A no mirar más que al cielo
siempre tus voces me invitan.
Cuanto me ves más humilde,
tanto más tu frente brilla.

Mayo 23

Tú que los espacios cruzas
más rápido que el relámpago,
vuela por mí, te lo pido,
al lado de los que amo;
con tu ala seca sus lágrimas,
diles de Jesús, el Manso,
y el encanto de sufrir,
y mi nombre di muy bajo...

Mayo 24

Durante mi corta vida
quiero salvar pecadores,
mis hermanos; ángel bello,
dame tus santos ardores.
Fuera de mis sacrificios
y de mi austera pobreza,
nada tengo; ofrécelos
a la Trinidad excelsa.

Mayo 25

Para ti el Reino y la Gloria,
las riquezas del Gran Rey;
para mí la humilde Hostia,
y de la Cruz el gran bien.
Con la Cruz y con la Hostia
y con tu celeste ayuda,
espero de la otra vida
los gozos que siempre duran.

Mayo 26

Me imagino a mi alma como un terreno libre, y pido a la Santísima Virgen que quite los escombros que pudieran impedirle esa libertad. Luego le suplico que monte ella una gran tienda digna del cielo y que la adorne con sus propias galas. Después invito a todos los ángeles y santos a que vengan a dar un magnífico concierto. Y cuando Jesús baja a mi corazón, me parece que está contento de verse tan bien recibido, y yo estoy contenta también.

Mayo 27

Dios está muy lejos de llevarme por el camino del temor. Sé encontrar siempre la forma de ser feliz y de aprovecharme de mis miserias... Y estoy segura de que eso no le disgusta a Jesús, porque él mismo parece animarme a seguir por ese camino...

Mayo 28

¡Oh Dios escondido en el sagrario!, todas las noches vengo feliz a tu lado para darte gracias por todos los beneficios que me has concedido y para pedirte perdón por las faltas que he cometido en esta jornada, que acaba de pasar como un sueño...

¡Qué feliz sería, Jesús, si hubiese sido enteramente fiel! Pero, ¡ay!, muchas veces por la noche estoy triste, porque veo que hubiera podido responder mejor a tus gracias... Si hubiese estado más unida a ti, si hubiera sido más caritativa con mis hermanas, más humilde y más mortificada, me costaría menos hablar contigo en la oración.

Mayo 29

Sin embargo, Dios mío, lejos de desalentarme a la vista de mis miserias, vengo a ti confiada, acordándome de que *no tienen necesidad de médico los sanos, sino los enfermos.* Te pido, pues, que me cures, que me perdones, y yo, Señor, recordaré que *el alma a la que más has perdonado debe amarte también más que las otras...* Te ofrezco todos los latidos de mi corazón como otros tantos actos de amor y de reparación, y los uno a tus méritos infinitos. Y te pido, divino Esposo mío, que seas tú mismo el Reparador de mi alma y que actúes en mí sin hacer caso de mis resistencias. En una palabra, ya no quiero tener más voluntad que la tuya. Y mañana, con la ayuda de tu gracia, volveré a comenzar una vida nueva, cada uno de cuyos instantes será un acto de amor y de renuncia.

Mayo 30

Después de haber venido así, cada noche, al pie de tu altar, llegaré por fin a la última noche de mi vida, y entonces comenzará para mí el día sin ocaso de la eternidad, en el que descansaré sobre el divino Corazón de las luchas del destierro... Amén.

Mayo 31

"Reverendo Padre Roulland:

Me siento muy indigna de estar especialmente asociada a uno de los misioneros de nuestro adorable Jesús... Me sentiré verdaderamente feliz de trabajar con usted por la salvación de las almas. Para eso me hice carmelita: al no poder ser misionera por la acción, quise serlo por el amor y la penitencia..."

*"Sin el amor,
todas las obras son nada."*

Junio

Junio 1

Al igual que Salomón, después de examinar todas las obras de sus manos y la fatiga que le costó realizarlas, vio que todo era vanidad, así también yo conocí por experiencia que la felicidad sólo se halla en esconderse y en vivir en la ignorancia de las cosas creadas. Comprendí que, sin el amor, todas las obras son nada, incluso las más brillantes, como resucitar a los muertos o convertir a los pueblos...

Junio 2

¡Qué dulce es el camino del amor! Es cierto que se puede caer, que se pueden cometer infidelidades; pero el amor, al darle a todo un sabor especial, consume con asombrosa rapidez todo lo que puede desagradar a Jesús, no dejando más que una paz humilde y profunda en el fondo del corazón...

Junio 3

Me parece que si todas las criaturas gozaran de las mismas gracias que yo, nadie le tendría miedo a Dios sino que todos lo amarían con locura; y que ni una sola alma lo ofendería nunca, pero no por miedo sino por amor...

Junio 4

Comprendo, sin embargo, que no todas las almas se parezcan; tiene que haber de diferentes tipos, para honrar de manera especial cada una de las perfecciones divinas.

Junio 5

A mí me ha dado su misericordia infinita, ¡y a través de ella contemplo y adoro las demás perfecciones divinas...! Entonces todas se me presentan radiantes de amor, incluso la justicia (y quizás ésta más aún que todas las demás) me parece revestida de amor...

Junio 6

¡Qué dulce alegría pensar que Dios es justo!; es decir, que tiene en cuenta nuestras debilidades, que conoce perfectamente la debilidad de nuestra naturaleza. Siendo así, ¿de qué voy a tener miedo? El Dios infinitamente justo, que se dignó perdonar con tanta bondad todas las culpas del hijo pródigo, no va a ser justo también conmigo, que *"estoy siempre con él"*? (cf Lc 15,31)

Junio 7

¡Qué dulce es el camino del amor...! ¡Cómo deseo dedicarme con la mayor entrega a hacer siempre la voluntad de Dios...!

Junio 8

El Carmelo es el lugar bendito que escogí para representar en mi "escudo de armas" el dardo inflamado del amor que ha de merecerme la palma del martirio, en espera de que un día pueda dar verdaderamente mi sangre por mi Amado. Porque para responder a todo el amor de Jesús, yo quisiera hacer por él lo que él hizo por mí...

Junio 9

La adorable Trinidad no cesa de derramar sus dones inestimables sobre el alma de la pobre Teresita, que, agradecida, no olvidará jamás esta frase de san Juan de la Cruz: "El amor sólo con amor se paga."

Junio 10

No tengo otro deseo aquí en la tierra que el de ofrecerme como un pequeño racimo de uvas para refrescar a Jesús niño, para divertirlo, para dejarse estrujar por él según sus caprichos y poder así apagar la sed ardiente que sintió durante su pasión.

Junio 11

Sobre el sepulcro santo María Magdalena
buscando a su Jesús se inclinaba llorando.
Los ángeles querían dulcificar su pena,
pero nada podía calmar su llanto amargo.
Pero no era su brillo, luminosos arcángeles,
lo que esta ardiente alma venía allí buscando;
ella intentaba ver al Señor de los ángeles
para llevarlo lejos, acunado en sus brazos...

Junio 12

Junto al sepulcro santo permaneció la última.
Y retornó allí mismo antes de entrar el día...
También volvió su Dios, con su gloria velada;
¡que vencerlo en amor no podía María!
Mostrándole primero su santa faz gloriosa,

una sola palabra del Corazón le brinca,
y murmurando el dulce nombre de *¡María!*,
Jesús le da la paz y la inunda de dicha.

Junio 13

Un día, mi Señor, como la Magdalena,
quise verte de cerca y llegué hasta ti.
Se abismó mi mirada por la inmensa llanura
a cuyo Dueño y Rey yo buscaba sin fin.
Y viendo el agua pura, el azul estrellado,
el pájaro y la flor, serena exclamé:
"Naturaleza espléndida, si en ti no veo a Dios,
sólo una enorme tumba tú serás para mí".

Junio 14

Yo quiero un corazón ardiente de ternura
que me sirva de apoyo sin jamás vacilar,
que todo lo ame en mí, incluso mi pobreza...,
que no me abandone, ni me olvide jamás.
No he podido encontrar ninguna criatura
capaz de amarme siempre, ¡toda la eternidad!

¡Yo necesito a un Dios de humanidad vestido,
que se haga hermano mío y pueda penar!

Junio 15

¡Cómo me entendiste, único Amigo que amo,
mi corazón robaste, haciéndote mortal
y vertiendo tu sangre, ¡oh supremo misterio!
Y aún vives desvelado por mí sobre el altar.
Si no escucho tu voz, desbordante de dulzura,
ni veo el resplandor de tu adorable faz,
¡muy bien puedo, Dios mío, vivir de tu gracia
y en tu Sagrado Corazón el mío reposar!

Junio 16

Corazón de Jesús, tesoro de ternura,
tú sólo eres mi dicha y mi única esperanza.
Pues supiste hechizar mi tierna juventud,
que nuestra unión culmine mi última jornada.
A ti solo, Señor, mi vida he confiado,
de todos mis deseos tienes conciencia clara;
¡Corazón de Jesús, yo me quiero perder
en tu dulce bondad, por siempre ilimitada!

Junio 17

Sé que todas nuestras justicias y méritos
carecen de valor a tus divinos ojos.
Para hacer meritorios mis pobres sacrificios, sobre tu Corazón divino los arrojo.
Ni a tus ángeles puros encontraste sin mancha.
Destellando nos diste tu ley de oro.
Tu Corazón sagrado, Jesús es mi escondite,
¡no tiemblo ya, tú eres mi virtud y mi Todo!

Junio 18

Para poder un día contemplarte en tu gloria,
lo sé, debo aceptar el fuego del dolor;
por eso he escogido para mi purgatorio
tu amor consumidor, ¡Corazón de mi Dios!
Mi desterrada alma, al dejar esta vida,
quisiera hacer un acto del más sincero amor;
y enseguida, volando a tu Patria del cielo,
tomar como morada tu Sagrado Corazón.

Junio 19

No creas que estoy nadando entre consuelos. No, mi consuelo es no tenerlo en la tierra. Jesús me instruye en secreto, sin mostrarse, sin hacerme oír su voz; no lo hace sirviéndose de libros, porque no entiendo lo que leo. Pero a veces viene a consolarme una frase como la que he encontrado al final de la oración (después de haber aguantado en el silencio y en la sequedad): "Este es el maestro que te doy, él te enseñará todo lo que debes hacer. Quiero hacerte leer en el libro de la vida, donde está contenida la ciencia del amor".

Junio 20

¡La ciencia del amor! ¡Sí, estas palabras resuenan dulcemente en los oídos de mi alma! No deseo otra ciencia. Después de haber dado por ella todas mis riquezas, me parece, como a la esposa del Cantar de los Cantares, que no he dado nada todavía... Comprendo tan bien que, fuera del amor, no hay nada que pueda hacernos gratos a Dios, que ese amor es el único bien que ambiciono.

Junio 21

Jesús se complace en mostrarme el único camino que conduce a esa hoguera divina. Ese camino es el abandono del niñito que se duerme sin miedo en brazos de su padre. *El que sea pequeñito, que venga a mí,* dijo el Espíritu Santo por boca de Salomón (Pr 9,4). Y ese mismo Espíritu dijo también que *a los pequeños se los compadece y perdona* (Sab 6,6).

Junio 22

Si todas las almas débiles e imperfectas sintieran lo que siente la más pequeña de todas las almas, el alma de tu Teresita, ni una sola perdería la esperanza de llegar a la cima de la montaña del amor, porque Jesús no pide grandes hazañas, sino únicamente abandono y gratitud.

Junio 23

He aquí, pues, todo lo que Jesús exige de nosotros. No tiene necesidad de nuestras obras, sino sólo de nuestro amor. Porque ese mismo Dios que declara que no tiene necesidad de decirnos si tiene hambre, no vacila en mendigar un poco de agua a la samaritana. Tenía sed... Pero al decirle: *Dame de beber* (Jn 4,7), lo que estaba pidiendo el Creador del universo era el amor de su pobre criatura. Tenía sed de amor...

Junio 24

¡Oh, Dios mío, Trinidad santa!, yo quiero amarte y hacerte amar, y trabajar por la glorificación de la santa Iglesia salvando a mis hermanos y hermanas. Deseo cumplir perfectamente tu voluntad y alcanzar el grado de gloria que tú me has preparado en tu reino. En una palabra, quiero ser santa. Pero siento mi impotencia, y te pido, Dios mío, que seas tú mismo mi santidad.

Junio 25

Lo sé, Dios mío: cuanto más quieres dar, tanto más haces desear. Siento en mi corazón deseos inmensos, y te pido confiadamente que vengas a tomar posesión de mi alma.

Junio 26

Quisiera consolarte de la ingratitud de los malos, y te suplico que me quites la libertad de desagradarte. Y si por debilidad caigo alguna vez, que tu mirada divina purifique enseguida mi alma, consumiendo todas mis imperfecciones, como el fuego, que todo lo transforma en sí...

Junio 27

Te doy gracias, Dios mío, por todos los beneficios que me has concedido, y en especial por haberme hecho pasar por el crisol del sufrimiento. En el último día te contemplaré llena de gozo llevando el cetro de la Cruz. Ya que te has dignado darme esta cruz tan preciosa, espero parecerme a ti en el cielo y ver brillar en mi cuerpo glorificado los sagrados estigmas de tu Pasión...

Junio 28

En la tarde de esta vida, compareceré delante de ti con las manos vacías, porque no te pido, Señor, que tengas en cuenta mis obras. Todas nuestras justicias tienen manchas a tus ojos. Por eso, yo quiero revestirme de tu propia Justicia y recibir de tu amor la posesión eterna de ti mismo. No quiero otro trono ni otra corona que tú mismo, Amado mío...

Junio 29

A fin de vivir en un acto de perfecto amor, yo me ofrezco como víctima de holocausto a tu amor misericordioso, y te suplico que me consumas sin cesar, haciendo que se desborden sobre mi alma las olas de ternura infinita que se encierran en ti, y que de esa manera llegue yo a ser mártir de tu amor, Dios mío...

Junio 30

Que ese martirio, después de haberme preparado para comparecer delante de ti, me haga por fin morir, y que mi alma se lance sin demora al eterno abrazo de tu amor misericordioso...

Quiero, Amado mío, renovarte esta ofrenda con cada latido de mi corazón y un número infinito de veces, hasta que las sombras se desvanezcan y pueda yo decirte mi amor en un cara a cara eterno...

"El amor es lo único que me atrae."

Julio

Julio 1

Ya no deseo ni el sufrimiento ni la muerte, aunque sigo amándolos a los dos. Pero es el amor lo único que me atrae...

Julio 2

Ser tu esposa, Jesús, ser carmelita, ser por mi unión contigo madre de almas, debería bastarme... Pero no es así... Ciertamente, estos tres privilegios son la esencia de mi vocación: carmelita, esposa y madre.

Sin embargo, siento en mi interior otras vocaciones: siento la vocación de guerrero, de sacerdote, de apóstol, de doctor, de mártir. En una palabra, siento la necesidad, el deseo de realizar por ti, Jesús, las más heroicas hazañas... Siento en mi alma el valor de un cruzado. Quisiera morir por la defensa de la Iglesia en un campo de batalla...

Julio 3

Siento en mí la vocación de sacerdote. ¡Con qué amor, Jesús, te llevaría en mis manos cuando, al pronunciar las palabras de la consagración, bajaras del cielo...! ¡Con qué amor te entregaría a las almas...! Pero, aun deseando ser sacerdote, admiro y envidio la humildad de san Francisco de Asís y siento en mí la vocación de imitarlo renunciando a la sublime dignidad del sacerdocio.

Julio 4

¡Jesús, amor mío, mi vida...!, ¿cómo hermanar estos contrastes? ¿Cómo convertir en realidad los deseos de mi pobre alma?

Sí, a pesar de mi pequeñez, quisiera iluminar a las almas como los profetas y como los doctores.

Julio 5

Tengo vocación de apóstol... Quisiera recorrer la tierra, predicar tu nombre y plantar tu cruz gloriosa en suelo infiel. Pero, Amado mío, una sola misión no sería suficiente para mí. Quisiera anunciar el Evangelio al mismo tiempo en las cinco partes del mundo, y hasta en las islas más remotas... Quisiera ser misionero no sólo durante algunos años, sino haberlo sido desde la creación del mundo y seguirlo siendo hasta la consumación de los siglos...

Julio 6

Pero, sobre todo y por encima de todo, amado Salvador mío, quisiera derramar por ti hasta la última gota de sangre... ¡El martirio! ¡El sueño de mi juventud! Un sueño que ha ido creciendo conmigo en los claustros del Carmelo... Pero siento que también este sueño mío es una locura, porque no puedo limitarme a desear una sola clase de martirio... Para quedar satisfecha, tendría que sufrirlos todos...

Julio 7

Como tú, adorado Esposo mío, quisiera ser flagelada y crucificada... Quisiera sufrir todos los suplicios infligidos a los mártires... Al pensar en los tormentos que serán el premio de los cristianos en tiempos del anticristo, siento que mi corazón se estremece de alegría y quisiera que esos tormentos estuviesen reservados para mí...

Julio 8

Jesús, Jesús, si quisiera poner por escrito todos mis deseos, necesitaría que me prestaras tu libro de la vida, donde están consignadas las hazañas de todos los santos, y todas esas hazañas quisiera realizarlas yo por ti...

Julio 9

Jesús mío, ¿y tú qué responderás a todas mis locuras...? ¿Existe acaso un alma más pequeña y más impotente que la mía...? Sin embargo, Señor, precisamente a causa de mi debilidad, tú has querido colmar mis pequeños deseos infantiles, y hoy quieres colmar otros deseos míos más grandes que el universo...

Julio 10

Como estos deseos míos me hacían sufrir durante la oración un verdadero martirio, abrí las cartas de san Pablo con el fin de buscar una respuesta. Y mis ojos se encontraron con los capítulos 12 y 13 de la primera carta a los Corintios...

Leí en el primero que no todos pueden ser apóstoles, o profetas, o doctores, etc...; que la Iglesia está compuesta de diferentes miembros, y que el ojo no puede ser al mismo tiempo mano.

La respuesta estaba clara, pero no colmaba mis deseos ni me daba la paz...

Julio 11

Seguí leyendo sin desanimarme, y esta frase me reconfortó: *Aspiren a los dones más perfectos. Y ahora voy a mostrarles un camino más perfecto todavía.* Y el apóstol va explicando cómo los mejores carismas no son nada sin el amor... Y que la caridad es ese camino más perfecto que conduce a Dios con total seguridad.

Julio 12

Podía, por fin, descansar... Al mirar el cuerpo místico de la Iglesia, yo no me había reconocido en ninguno de los miembros descritos por san Pablo; o, mejor dicho, quería reconocerme en todos ellos...

Julio 13

La caridad me dio la clave de mi vocación. Comprendí que si la Iglesia tenía un cuerpo, compuesto de diferentes miembros, no podía faltarle el más necesario, el más noble de todos ellos. Comprendí que la Iglesia tenía un corazón, y que ese corazón estaba ardiendo de amor.

Julio 14

Comprendí que el amor encerraba en sí todas las vocaciones, que el amor lo era todo, que el amor abarcaba todos los tiempos y lugares... En una palabra, ¡que el amor es eterno...! Entonces, al borde de mi alegría delirante, exclamé: ¡Jesús, amor mío..., al fin he encontrado mi vocación! ¡Mi vocación es el amor...!

Julio 15

Sí, he encontrado mi puesto en la Iglesia, y ese puesto, Dios mío, eres tú quien me lo ha dado... En el corazón de la Iglesia, mi Madre, yo seré el amor... Así lo seré todo... ¡¡¡Así mi sueño se verá hecho realidad...!!!

Julio 16

¿Por qué hablar de alegría delirante? No, no es ésta la expresión justa. Es, más bien, la paz tranquila y serena del navegante al divisar el faro que ha de conducirlo al puerto... ¡Oh, faro luminoso del amor, yo sé cómo llegar hasta ti! He encontrado el secreto para apropiarme tu llama.

Julio 17

No soy más que una niña, impotente y débil. Sin embargo, es precisamente mi debilidad lo que me da la audacia para ofrecerme como víctima a tu amor, ¡oh Jesús! A la ley del temor la sucedió la ley del amor, y el amor me ha escogido a mí, débil e imperfecta criatura, como holocausto... ¿No es ésta una elección digna del amor...? Sí, para que el amor quede plenamente satisfecho, es preciso que se abaje hasta la nada y que transforme en fuego esa nada...

Julio 18

Jesús mío, te doy gracias por haber colmado uno de mis mayores deseos: el de tener un hermano sacerdote y apóstol...

Me siento sumamente indigna de este favor; sin embargo, ya que has querido concederle a tu pobre y humilde esposa la gracia de trabajar de manera especial por la santificación de un alma destinada al sacerdocio, te ofrezco por ella, feliz, todas las oraciones y los sacrificios de que puedo disponer. Te pido, Dios mío, que no mires a lo que soy, sino a lo que debiera y quisiera ser, es decir, una religiosa totalmente poseída por tu amor.

Julio 19

Tú sabes, Señor, que mi único anhelo es hacerte conocer y amar.

Julio 20

Yo no puedo hacer más que orar y sufrir, pero el misionero al que te has dignado unirme con los lazos de la caridad irá a anunciarte en la llanura para conquistarte corazones, mientras yo, en la montaña del Carmelo, te pediré que le des la victoria...

Julio 21

Divino Jesús, escucha la oración que te dirijo por el que quiere ser tu misionero; protéjelo en medio de los peligros del mundo, y hazle sentir cada día más la vanidad y la nada de las cosas pasajeras y la dicha de saber despreciarlas por tu amor. Que su sublime apostolado se ejerza ya desde ahora sobre los que lo rodean, y que sea un apóstol digno de tu Sagrado Corazón...

Julio 22

En el Carmelo, buscaba preferentemente, en las recreaciones, la compañía de las religiosas que le parecían más desamparadas. Tenía por compañera de noviciado a una joven hermana conversa, de un carácter muy difícil, lo que no era razón para que sor Teresa del Niño Jesús se alejara de ella; al contrario, casi siempre iba a sentarse a su lado, y le demostró tanta dulzura y tanta bondad, que se ganó el corazón de su compañera y llegó a ejercer sobre ella un gran ascendiente.

Julio 23

Su caridad la llevó a pedir que la nombraran, en la ropería, ayudante de una religiosa dotada de un carácter tal, que a nadie le gustaba su compañía. Esta hermana era muy melancólica y no hacía casi nada. La vi una vez, cuando sor Teresa del Niño Jesús se hallaba ya muy enferma, ir a reclamarle toda la ropa de la semana que ella le había dado para coser. Y como sor Teresa no había podido terminar del todo su tarea, esta hermana, en lugar de mostrarse reconocida por lo que había hecho, aun hallándose como se hallaba, le dirigió un montón de reproches, que fueron acogidos por Teresa como un ramillete de alabanzas...

Julio 24

Un día yo le confesaba todas las cóleras que esa religiosa despertaba en mi interior, y ella me dijo: "*¡Ah, si supieras cuán necesario es perdonarla, cuán digna es de compasión!* No es culpa *suya, si está mal dotada. Es como un pobre reloj al que hay que dar cuerda cada cuarto de hora... Sí, es peor aún... Pues bien, ¿no tendrían compasión de ella? ¡Oh, qué necesario es practicar la caridad con el prójimo!* "

Julio 25

Estaba en la enfermería una hermana que hacía ejercitar mucho la paciencia a causa de sus numerosas manías. Como se mostraba disgusto en hacerle compañía, sor Teresa nos dijo: *"¡Cuánto me hubiera gustado que me hubieran pedido eso! Me habría costado, tal vez, según la naturaleza, pero me parece que lo habría hecho con mucho amor, porque pienso en lo que dijo nuestro Señor: «Estaba enfermo, y me aliviaron»"*.

Julio 26

Practicó la caridad de una manera heroica con una hermana que era de carácter muy brusco y sin educación. Saltaba de impaciencia apenas se la tocaba. Por eso, cuando yo veía a sor Teresa del Niño Jesús, durante su noviciado, salir de la oración todos los días para conducirla al refectorio, admiraba su virtud, pues necesitaba verdadera valentía para demostrar constantemente una caridad tan suave y tan compasiva.

Julio 27

Su caridad la hacía olvidarse de sí misma en toda circunstancia. Durante los últimos meses de su vida, pasados en la enfermería, no pudo soportar que la velaran ni una sola noche. Incluso la víspera de su muerte pidió que la dejaran sola, para no cansar a nadie.

Julio 28

Su caridad la empujaba a desear hacer el bien después de su muerte. Este pensamiento la preocupaba. En 1896, hizo la novena a san Francisco Javier. Me dijo: *"He pedido la gracia de hacer el bien después de mi muerte, y ahora estoy segura de ser escuchada, porque en esta novena se obtiene cuanto se desea"*.

Julio 29

Leía yo en refectorio un pasaje de la vida de san Luis Gonzaga, donde se dice que un enfermo, que solicitaba su curación, vio caer sobre su lecho una lluvia de rosas, como símbolo de la gracia que le iba a ser concedida. *"También yo* –me dijo luego en la recreación–, *después de mi muerte haré caer una lluvia de rosas"*.

Julio 30

En el período de la enfermedad de nuestro padre, fue sor Teresa del Niño Jesús quien mantuvo en alto nuestro valor. Viéndola tan fuerte, ni siquiera pensaba nadie en ocuparse de ella.

Julio 31

En la recreación, habría podido hallar con frecuencia un sitio cerca de nosotras, sus hermanas, pero buscaba preferentemente la compañía de aquellas religiosas que más a prueba ponían su caridad.

"Tengo que seguir siendo pequeña,
empequeñecerme más y más."

Agosto

Agosto 1

Yo quisiera encontrar un ascensor para elevarme hasta Jesús, porque soy demasiado pequeña para subir la dura escalera de la perfección. Entonces busqué en la Biblia algún indicio del ascensor, objeto de mi deseo, y leí estas palabras: *El que sea pequeñito, que venga a mí.* (cf Pr 9,4)

Agosto 2

Y entonces fui, adivinando que había encontrado lo que buscaba. Y queriendo saber, Dios mío, lo que harías con el pequeñito que responda a tu llamada, continué mi búsqueda, y he aquí lo que encontré: *Como una madre acaricia a su hijo, así los consolaré yo; los llevaré en mis brazos y sobre mis rodillas los meceré* (cf Is 66,13.12).

Agosto 3

Nunca palabras más tiernas ni más melodiosas alegraron mi alma. ¡El ascensor que ha de elevarme hasta el cielo son tus brazos, Jesús! Y para eso, no necesito crecer; al contrario, tengo que seguir siendo pequeña, tengo que empequeñecerme más y más.

Agosto 4

Lo sé, Jesús, el amor sólo con amor se paga. Por eso he buscado y hallado la forma de aliviar mi corazón devolviéndote amor por amor...

Agosto 5

Acordándome de la oración de Eliseo a su padre Elías, cuando se atrevió a pedirle su *doble espíritu*, me presenté ante los ángeles y los santos y les dije: *"Yo soy la más pequeña de las criaturas. Conozco mi miseria y mi debilidad. Pero sé también cuánto les gusta a los corazones nobles y generosos hacer el bien. Les suplico que me adopten por hija. Sólo de ustedes será la gloria que me hagan adquirir, pero dígnense escuchar mi súplica. Ya sé que es temeraria, sin embargo me atrevo a perdirles que me concedan su doble amor."*

Jesús, no puedo ir más allá en mi petición, temería verme aplastada bajo el peso de mis audaces deseos...

Agosto 6

La excusa que tengo es que soy una niña y los niños no piensan en el alcance de sus palabras... Lo que el corazón del niñito pide es el amor... No sabe más que una cosa: amarte, Jesús... Las obras deslumbrantes le están vedadas: no puede predicar el Evangelio, ni derramar su sangre... Pero, ¿qué importa?, sus hermanos trabajan en su lugar, y él, como un niño pequeño, se queda muy cerquita del trono del Rey y de la Reina y ama por sus hermanos que luchan...

Agosto 7

Pero, ¿cómo podrá demostrar él su amor, si es que el amor se demuestra con obras? Pues bien, el niñito arrojará flores, aromará con sus perfumes el trono real, cantará con su voz cristalina el cántico del amor...

Agosto 8

Sí, amado mío, así es como se consumirá mi vida... No tengo otra forma de demostrarte mi amor que arrojando flores, es decir, no dejando escapar ningún pequeño sacrificio, ni una sola mirada, ni una sola palabra, aprovechando hasta las más pequeñas cosas y haciéndolas por amor...

Agosto 9

Quiero sufrir por amor, y hasta gozar por amor. Así arrojaré flores delante de tu trono. No encontraré ni una sola en mi camino que no deshoje para ti. Y además, al arrojar mis flores, cantaré (¿puede alguien llorar mientras realiza una acción tan alegre?), cantaré aun cuando tenga que juntar las flores entre las espinas.

Agosto 10

Jesús, siento en mi interior que, si después de haber ansiado con toda el alma llegar a las más elevadas regiones del amor, no llegara un día a alcanzarlas, habré saboreado una mayor dulzura en medio de mi martirio, en medio de mi locura, que la que gozaría en el seno de los gozos de la tierra; a no ser que, por un milagro, me dejes conservar allí el recuerdo de las esperanzas que he tenido en la tierra.

Agosto 11

Jesús, Jesús, si tan delicioso es el deseo de amarte, ¿qué será poseer al Amor, gozar del Amor...? ¿Cómo puede aspirar un alma tan imperfecta como la mía a poseer la plenitud del Amor...?

Agosto 12

¡Oh, Jesús, mi primer y único amigo, el único a quien yo amo!, dime qué misterio es éste. ¿Por qué no reservas estas aspiraciones tan inmensas para las almas grandes, para las águilas que se ciernen en las alturas...? Yo me considero un débil pajarito cubierto únicamente por un ligero plumón. Yo no soy un águila, sólo tengo de águila los ojos y el corazón, porque, a pesar de mi extrema pequeñez, me atrevo a mirar fijamente al Sol divino, al Sol del Amor, y mi corazón siente en sí todas las aspiraciones del águila...

Agosto 13

¿Qué será de él? ¿Morirá de pena al verse tan impotente...? No, no, el pajarillo ni siquiera se desconsolará. Con audaz abandono, quiere seguir con la mirada fija en su divino Sol. Nada podrá asustarlo, ni el viento ni la lluvia. Y si oscuras nubes llegaran a ocultarle el Astro del amor, el pajarito no cambiará de lugar: sabe que más allá de las nubes su Sol sigue brillando y que su resplandor no puede eclipsarse ni un instante.

Agosto 14

Es cierto que, a veces, el corazón del pajarito se ve embestido por la tormenta, y no le parece que pueda existir otra cosa que las nubes que lo rodean. Esa es la hora de la alegría perfecta para ese pobre y débil ser. ¡Qué dicha para él seguir allí, a pesar de todo, mirando fijamente a la luz invisible que se oculta a su fe...!

Agosto 15

Jesús, hasta aquí puedo entender tu amor al pajarito, ya que éste no se aleja de ti... Pero yo sé, y tú también lo sabes, que muchas veces la imperfecta criatura, aun siguiendo en su lugar (es decir, bajo los rayos del Sol), acaba distrayéndose un poco de su único quehacer: recoge un granito acá y allá, corre detrás de un gusanito...; luego, encontrando un charco de agua, moja en él sus plumas apenas formadas; ve una flor que le gusta, y su espíritu débil se entretiene con la flor... En una palabra, el pobre pajarito, al no poder elevarse como las águilas, se sigue entreteniendo con las bagatelas de la tierra...

Agosto 16

Sin embargo, después de todas sus travesuras, el pajarito, en vez de ir a esconderse en un rincón para llorar su miseria y morirse de arrepentimiento, se vuelve hacia su amado Sol, expone a sus rayos bienhechores sus alitas mojadas, gime como la golondrina; y en su dulce canto, confía y cuenta detalladamente sus infidelidades, pensando, en su temerario abandono, adquirir así un mayor dominio, atraer con mayor plenitud el amor de Aquel que no vino a buscar a los justos sino a los pecadores...

Agosto 17

Y si el Astro adorado sigue sordo a los gorjeos lastimeros de su criatura, si sigue oculto..., pues bien, entonces la criatura seguirá allí mojada, aceptará estar aterida de frío, y seguirá alegrándose de ese sufrimiento que en realidad ha merecido...

Agosto 18

¡Qué feliz, Jesús, es tu pajarito de ser débil y pequeño! Porque ¿qué sería de él si fuera grande...? Jamás tendría la audacia de comparecer en tu presencia, de dormitar delante de ti...

Agosto 19

Sí, ésta es también otra debilidad del pajarito cuando quiere mirar fijamente al Sol divino y las nubes no lo dejan ver ni un solo rayo: a pesar suyo, sus ojitos se cierran, su cabecita se esconde bajo el ala, y el pobrecito se duerme creyendo seguir mirando fijamente a su Astro querido.

Agosto 20

Pero al despertar, no se desconsuela, su corazoncito sigue en paz. Y vuelve a comenzar su oficio de amor. Invoca a los ángeles y a los santos, que se elevan como águilas hacia el Foco devorador, objeto de sus anhelos, y las águilas, compadeciéndose de su hermanito, lo protegen y defienden y ponen en fuga a los buitres que quisieran devorarlo.

Agosto 21

¡Oh, Verbo divino!, eres tú el Águila adorada que yo amo, la que me atrae. Eres tú quien, precipitándose sobre la tierra del exilio, quisiste sufrir y morir a fin de atraer a las almas hasta el centro del Foco eterno de la

Trinidad bienaventurada. Eres tú quien, remontándote hacia la Luz inaccesible que será ya para siempre tu morada, sigues viviendo en este valle de lágrimas, escondido bajo las apariencias de una blanca hostia...

Agosto 22

Águila eterna, tú quieres alimentarme con tu sustancia divina, a mí, pobre e insignificante ser que volvería a la nada si tu mirada divina no me diese la vida a cada instante.

Agosto 23

Jesús, déjame que te diga, en el exceso de mi gratitud, déjame, sí, que te diga que tu amor llega hasta la locura... ¿Cómo quieres que, ante esa locura, mi corazón se lance hacia ti? ¿Cómo va a conocer límites mi confianza...?

Agosto 24

Jesús, yo soy demasiado pequeña para hacer obras grandes..., y mi locura consiste en esperar que tu amor me acepte como víctima... Mi locura consiste en suplicar a las águilas hermanas que me obtengan la gracia de volar hacia el Sol del amor con las propias alas del Águila divina...

Agosto 25

Estoy convencida de que, si por un imposible, encontraras un alma más débil y más pequeña que la mía, te complacerías en colmarla de gracias todavía mayores, con tal de que ella se abandonara con confianza total a tu misericordia infinita.

Agosto 26

Pero ¿por qué estos deseos, Jesús, de comunicar los secretos de tu amor? ¿No fuiste tú, y nadie más que tú, el que me los enseñó a mí? ¿Y no puedes, entonces, revelárselos también a otros...?

Sí, lo sé muy bien, y te conjuro a que lo hagas. Te suplico que hagas descender tu mirada divina sobre un gran número de almas pequeñas... ¡Te suplico que escojas una legión de pequeñas víctimas dignas de tu AMOR...!

Agosto 27

León querido de Jesús, el corderito necesita pedirte prestado un poco de fuerza y de ánimo, ese ánimo que hace que el León lo supere todo... El pobre corderito no puede decirle nada a Jesús, y sobre todo Jesús no le dice absolutamente nada a él. Pide por él, para que al menos su retiro agrade al corazón del único que sabe leer en lo más profundo de su alma...

Agosto 28

¿Por qué buscar felicidad en la tierra? Te confieso que mi corazón tiene una sed ardiente de ella, pero este pobre corazón ve muy claro que ninguna criatura es capaz de apagar su sed. Al contrario, cuanto más bebe de esa fuente encantada, más ardiente se hace su sed...

Agosto 29

Yo conozco otra fuente, de la que, después de haber bebido, se tiene todavía sed; pero una sed que no es ansiosa, sino, al contrario, muy sosegada, porque tiene donde satisfacerse. ¡Esta fuente es el sufrimiento conocido sólo por Jesús...!

Agosto 30

Esta mañana he sufrido por causa de una hermana y me fui con el corazón destrozado... ¿Entiendes algo de la forma de actuar de Jesús...? Yo te decía que los niños no saben lo que quieren. Así se comporta Jesús con su pelotita.

Aunque en realidad sé muy bien por qué: es porque sólo él es maravilloso en toda la fuerza de esa palabra, y quiere hacer ver a su pelotita cómo se engañaría si buscase en otra parte una sombra de belleza que podría tomar por la misma belleza...

Agosto 31

Hoy aun más que ayer, si es que esto es posible, he estado privada de todo consuelo. Le doy gracias a Jesús, que piensa que eso es bueno para mi alma; además, si me consolara, quizás yo me detendría en esas dulzuras, y él quiere que todo sea para él... Pues bien, será todo para él, todo. Aun cuando sienta que no tengo nada para poder ofrecerle, le daría esa nada, como esta tarde...

"Quiero darle todo a Jesús."

Septiembre

Septiembre 1

¡Qué bueno es conmigo el que pronto será mi prometido! ¡Qué divinamente amable es al no permitir que yo me apegue a ninguna cosa creada! Él sabe muy bien que si me concediese una sola sombra de felicidad, me apegaría a ella con toda la energía y con toda la fuerza de mi corazón. Y me niega esa sombra. Prefiere dejarme en las tinieblas a darme un falso resplandor que no sería él... Y ya no puedo encontrar ninguna criatura que me satisfaga; quiero darle todo a Jesús, no quiero dar a las criaturas ni un solo átomo de mi corazón. ¡Ojalá que Jesús me conceda siempre comprender que sólo él es la felicidad perfecta, incluso cuando parece ausentarse...!

Septiembre 2

Si Jesús no me da consolaciones, me da una paz tan grande que me hace un bien mucho mayor...

Septiembre 3

Mientras estuvo encargada del noviciado, vi que un día una joven postulante la colmaba de reproches, diciéndole las cosas más duras. Sor Teresa del Niño Jesús se mantuvo en perfecta calma, y sin embargo, yo adivinaba la extrema violencia que se estaba imponiendo para escuchar con tan aparente serenidad palabras tan mordaces.

Septiembre 4

Sor Teresa del Niño Jesús practicó constantemente la pobreza sin quejarse nunca. Desde su entrada en el Carmelo, aunque no contaba más que quince años, se la trataba sin ningún miramiento, sirviéndosele en la mesa los restos más pasados. Se decía en la cocina: *"Nadie comería esto, démoselo a sor Teresa, que nunca rechaza nada."* Por esta razón, reaparecían en su plato, aun en los últimos días de la semana, tortillas y arenques cocidos el domingo anterior.

Septiembre 5

En el refectorio tenía que compartir con una hermana, compañera de mesa, el vino contenido en una botella tan pequeña, que apenas contenía dos vasos. Entonces ella no bebía nada, para no privar de vino a su vecina. Hubiera podido beber agua del cántaro, pero se abstenía de hacerlo, para no hacer notar su mortificación y su acto de caridad.

Septiembre 6

Por espíritu de pobreza, nunca reclamaba lo que se le quitaba, diciendo que no tenía nada propio. Y los dones de la inteligencia, que Dios tan abundantemente le había concedido, se los dejaba robar, por decirlo así, porque en la recreación, cuando alguna religiosa se aprovechaba de sus ocurrencias, llenas de agudeza, repitiéndolas como suyas propias, Teresa le cedía gustosamente el honor de recrear a las demás, sin hacer saber que la fuente era ella.

Septiembre 7

Su humildad no le impedía reconocer los privilegios concedidos por Dios a su alma, pero sabía siempre referirlo todo a él. Durante su enfermedad, me dijo: *"Inclinándome un poco, veía por la ventana la puesta del sol, que arrojaba sus últimos rayos sobre la naturaleza, y la cima de los árboles aparecía toda dorada. Yo pensaba entonces: ¡Qué diferencia entre permanecer en la sombra o, por el contrario, exponerse al sol del Amor! En este caso, todo aparece dorado. Por eso aparezco yo toda dorada. En realidad, no lo estoy, y dejaría inmediatamente de aparecerlo, si me alejara del amor."*

Septiembre 8

Un pequeño pájaro iba, de vez en cuando, a visitarla; tanto era lo que protegía a todos los pájaros del jardín. Y un día en que yo quería poner trampas a los mirlos, que devoraban las fresas, me dijo: *"No les hagas daño, no tienen más que la vida para gozar. Cuando esté en el cielo, prometo enviarles frutas, si no destruyen a los pajaritos."*

Septiembre 9

Hablando en términos generales, Teresa no atraía sobre sí la atención durante su vida. Su virtud consistía sobre todo en hacer muy bien las cosas ordinarias. Sin embargo, las personas que la observaban más atentamente reconocían en ella una perfección del todo excepcional.

Septiembre 10

De Teresa se decía, siendo aún pequeña: *"Esta niña lleva cielo en los ojos."*

Septiembre 11

Tú que conoces mi infinita nada
y no vacilas en bajarte a mí,
ven a mi corazón, ¡oh blanca Hostia!,
ven a mi corazón que aspira a ti.
De tu bondad, Señor, yo solicito
morir de amor tras tanta dignación.
Oye, Jesús, de mi ternura el grito.
¡Ven a mi corazón!

Septiembre 12

Porque el Hijo de Dios quiso ver a su Madre
sometida a la noche,
sometida a la angustia del corazón,
¿será, acaso, merced sufrir aquí en la tierra?
¡Oh, sí!... ¡Sufrir amando es la dicha más pura!
Puede tomar de nuevo Jesús lo que me dio,
dile que por mí nunca se moleste.
Puede, si a bien lo tiene, esconderse de mí,
me resigno a esperarlo
hasta que llegue el día sin ocaso
en el que para siempre se apagará mi fe.

Septiembre 13

Muchas hermanas piensan, Madre superiora, que usted me ha mimado, que desde mi entrada en el Carmelo no he recibido de usted más que halagos y caricias. Sin embargo, no es así.

En el cuaderno que contiene mis recuerdos de la infancia, podrá ver lo que pienso sobre la educación recia y maternal que usted me dio. Desde lo más hondo de mi corazón le agradezco que no me haya tratado con miramientos. Jesús sabía muy bien que su florecita necesitaba el agua vivificante de la humillación, que era demasiado débil para echar raíces sin esa ayuda, y quiso prestársela, madre, por medio de usted.

Septiembre 14

De un año y medio a esta parte, Jesús ha querido cambiar la forma de hacer crecer a su pequeña flor; sin duda pensó que estaba ya suficientemente regada, porque ahora es el sol quien la hace crecer. Jesús no quiere ya para ella más que su sonrisa divina, y esa sonrisa se la da también por medio de usted, Madre querida. Y ese dulce sol, lejos de ajar a la pequeña flor, la hace crecer de una manera maravillosa. En el fondo de su cáliz conserva las preciosas gotas de rocío que recibió, y esas gotas le recuerdan incesantemente que es pequeña y débil...

Septiembre 15

Ya pueden todas las criaturas inclinarse hacia ella, admirarla, colmarla de alabanzas. No sé por qué, pero nada de eso lograría añadir ni una gota de falsa alegría a la verdadera alegría que saborea en su corazón al ver lo que es en realidad a los ojos de Dios: una pobre nada, y sólo eso.

Septiembre 16

Digo que no sé por qué, pero ¿no será porque hasta que su pequeño cáliz no estuvo lo suficientemente lleno del rocío de la humillación, se vio privada del agua de las alabanzas? Ahora ya no existe ese peligro; al contrario, a la pequeña flor le parece tan delicioso el rocío que la llena, que no lo cambiaría por el agua insípida de los halagos.

Septiembre 17

¡Por qué caminos tan diferentes, Madre, lleva el Señor a las almas! En la vida de los santos, vemos que hay muchos que no han querido dejar nada de sí mismos después de su muerte: ni el menor recuerdo, ni el menor escrito; hay otros, en cambio, como nuestra Madre santa Teresa, que han enriquecido a la Iglesia con sus sublimes revelaciones, sin temor alguno a revelar los secretos del rey, a fin de que sea conocido y más amado de las almas.

Septiembre 18

¿Cuál de estos dos tipos de santo agrada más a Dios? Me parece que ambos le agradan por igual, porque todos ellos han seguido las mociones del Espíritu Santo. Sí, cuando sólo se busca la voluntad de Jesús, todo está bien.

Septiembre 19

Sé que hace mucho tiempo que entre los humanos se practica esta forma de medir la experiencia por los años, porque ya el santo rey David en su adolescencia cantaba al Señor: *Soy joven y despreciado.* Sin embargo, no teme decir en ese mismo salmo 118: *Soy más sagaz que los ancianos, porque busco tu voluntad... Tu palabra es lámpara para mis pasos... Estoy dispuesto para cumplir tus mandatos, y nada me turba...* (vv 100.105.60)

Septiembre 20

Madre, usted no tuvo reparo en decirme un día que Dios iluminaba mi alma, que hasta me daba la experiencia de los años...

Madre, yo soy demasiado pequeña para sentir ahora vanidad, soy demasiado pequeña también para hacer frases lindas con el fin de hacerle creer que tengo una gran humildad. Prefiero reconocer con toda sencillez que el Todopoderoso ha hecho obras grandes en mi alma, y que la más grande de todas es haberle hecho ver su pequeñez, su impotencia.

Septiembre 21

La mirada doliente del Salvador me hace
soportar el destierro de este valle de lágrimas.
Su mirada me ha hecho ver sus encantos
y me ha hecho presentir la celeste bonanza.
Mi Jesús me sonríe, cuando hacia Él suspiro,
la prueba de la fe entonces no la siento.
La mirada de Dios, su subyugante sonrisa
¡son para mí mi cielo...!

Septiembre 22

Mi cielo es atraer sobre los corazones
sobre la Iglesia y todas mis Hermanas,
las gracias de Jesús y su divino fuego,
que abrasen y que alegren
de los hombres las almas.
Puedo alcanzarlo todo
cuando hablo al Rey divino
desde mi corazón al suyo en el misterio.
Esta íntima oración cerquita del santuario
¡es para mí mi cielo...!

Septiembre 23

Mi cielo está escondido en la pequeña hostia
en que Jesús, mi Esposo, se oculta por amor.
En ese Hogar divino rehago yo mi vida
y atento día y noche me atiende el Salvador.
"¡Oh, qué dichoso instante, cuando,
entre mil ternuras,
me transformas en ti, mi dulce Compañero!
Tal comunión de amor y tan dulce embriaguez
¡son para mí mi cielo...!"

Septiembre 24

Mi cielo es constatar en mí la semejanza
del Dios que me creó con su Soplo potente.
Mi cielo es siempre estar en su viva presencia,
es llamarlo mi Padre y su hija ser siempre.
Refugiada en sus brazos,
no temo la tormenta; es la ley de mi vida,
mi abandono completo.
Dormir contra su pecho,
muy cerca de su rostro,
¡ese es mi propio cielo...!

Septiembre 25

Mi cielo es al completo la Santa Trinidad,
que resiste en mi pecho, prisionera de amor.
Contemplando allí a Dios,
sin miedo le repito: "Quiero amarte y servirte
hasta mi último adiós!"
Mi cielo es sonreír a este Dios que yo adoro,
cuando prueba mi fe escondiéndose.
Y sufrir esperando que Él de nuevo me mire,
¡ése es mi propio cielo...!

Septiembre 26

Teresita esperaba tanto de la justicia de Dios como de su misericordia: "*¡Qué dulce es pensar* –decía– *que Dios es justo, es decir, que tiene en cuenta nuestras debilidades y que conoce perfectamente la fragilidad de nuestra naturaleza!*"

Septiembre 27

Teresita decía también que prefería vivir sin consuelo, porque así pensaba dar a Dios una mayor prueba de confianza.

Septiembre 28

Ella contaba únicamente con la ayuda de Dios para todo. Me contó que cuando, después de haber tratado de animar y consolar a su hermana Celina en el locutorio, no lo conseguía, pedía a Dios con gran confianza que la consolara él mismo y le hiciera comprender tal o cual cosa, concretamente. Luego, ya no se volvía a ocupar de nada, y su confianza, me dijo, no quedó nunca defraudada. En cada caso, Celina recibía las luces y los consuelos que Teresa había pedido para ella.

Septiembre 29

Cuando era muy pequeñita, su madre le hacía decir por la mañana, como se hace con todos los niños, una fórmula de ofrecimiento del corazón a Dios. Pero lejos de contentarse con este rezo matutino, ella repetía esta ofrenda por propia iniciativa y muchas veces en el curso de la jornada.

Septiembre 30

Aunque era de naturaleza muy sensible, muy amorosa y muy ardiente, se vio probada, sin embargo, por las sequedades casi continuas durante su permanencia en el Carmelo. Su amor a Dios se manifestaba entonces en un cuidado muy generoso de aprovechar todas las ocasiones para realizar obras agradables a Dios. No dejaba escapar ni una. Buscaba motivos para hacer actos de caridad, sobre todo en los detalles de la vida común.

"Un día viviré en una tierra lejana."

Octubre

Octubre 1

Desde niña crecí con la convicción de que un día me iría lejos. No sólo creía por lo que oía decir a personas más sabias que yo, sino porque en el fondo de mi corazón yo misma sentía profundas aspiraciones hacia una región más bella. Lo mismo que a Cristóbal Colón su genio le hizo intuir que existía un nuevo mundo, cuando nadie había soñado aún con él, así yo sentía que un día otra tierra me habría de servir de morada permanente.

Octubre 2

Pero de pronto, las nieblas que me rodean se hacen más densas, penetran mi alma y la envuelven de tal manera, que me es imposible descubrir en ella la imagen de tan dulce patria. ¡Todo ha desaparecido...! Cuando quiero que mi corazón, cansado por las tinieblas que lo rodean, descanse con el recuerdo del país luminoso por el que suspira, se redoblan mis tormentos. Me parece que las tinieblas, adoptando la voz de los pecadores, me dicen burlándose de mí: *"Sueñas con la luz, con una patria aromada con los más suaves perfumes; sueñas con la posesión eterna del Creador de todas esas maravillas; crees que un día saldrás de las nieblas que te rodean. ¡Adelante, adelante! Alégrate de la muerte, que te dará, no lo que tú esperas, sino una noche más profunda todavía, la noche de la nada."*

Octubre 3

Madre, la imagen que he querido darle de las tinieblas que oscurecen mi alma es tan imperfecta como un boceto comparado con el modelo. Sin embargo, no quiero escribir más, por temor a blasfemar...

Octubre 4

Que Jesús me perdone si lo he disgustado. Pero él sabe muy bien que, aunque yo no goce de la alegría de la fe, al menos trato de realizar sus obras. Creo que he hecho más actos de fe de un año a esta parte que durante toda mi vida.

Octubre 5

Cada vez que se presenta el combate, cuando los enemigos vienen a provocarme, me porto valientemente: sabiendo que batirse en duelo es una cobardía, vuelvo la espalda a mis adversarios sin dignarme siquiera a mirarlos a la cara; corro hacia mi Jesús y le digo que estoy dispuesta a derramar hasta la última gota de mi sangre por confesar que existe un cielo; le digo que me alegro de no gozar de ese hermoso cielo aquí en la tierra para que él lo abra a los que no creen por toda la eternidad.

Octubre 6

Así, a pesar de esta prueba que me roba todo gozo, aún puedo exclamar: *"Tus accio-*

nes, Señor, son mi alegría" (Sal 91,5). Porque ¿existe mayor alegría que la de sufrir por amor...?

Octubre 7

Cuanto más íntimo es el sufrimiento, tanto menos aparece a los ojos de las criaturas y más te alegra a ti, Dios mío. Pero si, por un imposible, ni tú mismo llegaras a conocer mi sufrimiento, yo aún me sentiría feliz de padecerlo si con él pudiera impedir o reparar un solo pecado contra la fe...

Octubre 8

Cuando canto la felicidad del cielo y la eterna posesión de Dios, no experimento la menor alegría, porque canto simplemente lo que quiero creer. Es cierto que, a veces, un rayo pequeñito de sol viene a iluminar mis tinieblas, y entonces la prueba cesa un instante. Pero luego, el recuerdo de ese rayo, en vez de causarme alegría, hace todavía más densas mis tinieblas.

Octubre 9

Nunca he experimentado tan bien como ahora cuán compasivo y misericordioso es el Señor: él no me ha enviado esta prueba hasta el momento en que tenía fuerzas para soportarla; antes, creo que me hubiera hundido en el desánimo... Ahora hace que desaparezca todo lo que pudiera haber de satisfacción natural en el deseo que yo tenía del cielo...

Octubre 10

El corazón, al entregarse a Dios, no pierde su afecto natural; al contrario, ese afecto crece al hacerse más puro y más divino.

Octubre 11

Estoy dispuesta a volar a otro campo de batalla, a otro país lejano, si el Señor me expresa su deseo de que lo haga. No haría falta una orden; bastaría una mirada, una simple señal.

Octubre 12

Desde mi entrada al Carmelo, siempre he pensado que si Jesús no me llevaba muy pronto al cielo, mi suerte sería la misma que la de la palomita de Noé: que un día el Señor abriría la ventana del arca y me mandaría volar muy lejos, muy lejos, hacia las riberas paganas, llevando conmigo la ramita de olivo.

Octubre 13

Un día comprendí que incluso en el Carmelo podía haber separaciones y que sólo en el cielo la unión será completa y eterna. Y entonces quise que mi alma habitara en el cielo y que sólo de lejos mirara las cosas de la tierra. Acepté no sólo desterrarme yo a un pueblo desconocido, sino que también –lo cual me resultaba mucho más amargo– acepté el destierro de mis hermanas.

Octubre 14

Usted misma, Madre, había pedido en su juventud ir a Saigón. Ocurre con frecuencia que los deseos de las madres hallan eco en el alma de sus hijas. Y usted sabe que su deseo apostólico halla en mi alma un eco fiel. Permítame confiarle por qué he deseado, y aún sigo deseándolo, si la Santísima Virgen me cura, cambiar por una tierra extranjera el oasis donde vivo tan feliz.

Octubre 15

Para vivir en los Carmelos extranjeros hay que tener una vocación muy especial. Muchas almas se creen llamadas a eso sin estarlo en realidad. Usted también me dijo que yo tenía esa vocación, y que el único obstáculo era mi salud. Sé que, si Dios me llamara a tierras lejanas, ese obstáculo desaparecería. Por eso, vivo sin la menor inquietud.

Octubre 16

Sueño con un monasterio donde nadie me conozca, donde tenga que sufrir la pobreza, la falta de cariño, en una palabra, el destierro del corazón.

Octubre 17

La razón para abandonar todo esto que tanto amo no es el prestar una serie de servicios al Carmelo que quiera recibirme. Ciertamente, haría todo lo que dependiera de mí; pero conozco mi incapacidad y sé que, aun haciendo todo lo posible, no lograría hacer nada de provecho, porque no tengo el menor conocimiento de las cosas de la tierra. Mi único objetivo sería, entonces, hacer la voluntad de Dios y sacrificarme por él de la manera que a él le agradara.

Octubre 18

Tampoco quiero partir con la intención de gozar del fruto de mis trabajos. Si eso fuera lo que busco, no sentiría esta dulce paz que me inunda, e incluso sufriría por no poder hacer realidad mi vocación en las lejanas misiones.

Octubre 19

Hace ya mucho tiempo que no me pertenezco a mí misma, vivo totalmente entregada a Jesús. Por lo tanto, él es libre de hacer de mí lo que le plazca. Él me dio la vocación del destierro total, y me hizo comprender todos los sufrimientos que en él iba a encontrar, preguntándome si quería beber ese cáliz hasta el borde. Yo quise tomar sin tardanza esa copa que Jesús me ofrecía; pero él, retirando la mano, me dio a entender que se conformaba con mi aceptación.

Octubre 20

Hermano mío... *(se dirige al P. Rouland, misionero en China)*, la distancia nunca podrá separar nuestras almas, y la muerte misma hará más íntima nuestra unión. Si voy pronto al cielo, pediré permiso a Jesús para ir a visitarlo a Sutchuen y proseguiremos juntos nuestro apostolado. Mientras tanto, estaré unida siempre a usted por la oración, y pido a Nuestro Señor que no me deje nunca gozar mientras usted esté sufriendo. Incluso quisiera que mi hermano tuviese siempre los consuelos y yo las pruebas. Tal vez esto sea egoísmo..., pero creo que no, porque mi única arma es el amor y el sufrimiento, y la espada de usted es la palabra y los trabajos apostólicos...

Octubre 21

...El 8 de septiembre de 1890, su vocación misionera fue salvada por María, la Reina de los apóstoles y los mártires; ese mismo día una humilde carmelita se convertía en esposa del Rey de los cielos. Al dar al mundo un eterno adiós, su único objetivo era el de salvar almas, sobre todo almas de apóstoles. Y pidió muy especialmente a Jesús, su Esposo divino, un alma apostólica: al no poder ser ella sacerdote, quería que, en su lugar, un sacerdote recibiera las gracias del Señor, que tuviera las mismas aspiraciones y los mismos deseos que ella...

Octubre 22

Yo pensaba que sólo en el cielo llegaría a encontrarme con el apóstol, con el hermano que había pedido a Jesús; pero mi amado Salvador, levantando un poco el velo misterioso que oculta los secretos de la eternidad, se ha dignado darme la alegría de conocer, ya desde el destierro, al hermano de mi alma y de trabajar con él por la salvación de los que no conocen a Jesús.

Octubre 23

¿Sabe usted, querido hermano, que si el Señor continúa escuchando mi oración, obtendrá una gracia que su humildad le impide solicitar? Esta gracia incomparable, usted ya lo adivina, es el martirio... Sí, tengo la esperanza de que, después de largos años pasados en medio de los trabajos apostólicos, después de haber dado a Jesús amor por amor, usted acabará dándole también sangre por sangre...

Octubre 24

Hermano querido, ¡feliz usted que sigue tan de cerca el ejemplo de Jesús...! Al saber que ha adoptado la forma de vestir de los chinos, pienso espontáneamente en nuestro Salvador que se revistió de nuestra pobre humanidad y que se hizo semejante a uno de nosotros a fin de rescatar nuestras almas para la eternidad.

Octubre 25

Al igual que Josué, usted combate en la llanura, y yo soy su pequeño Moisés, y mi corazón está elevado incesantemente hacia el cielo para alcanzar la victoria. Pero ¡qué digno de compasión sería mi hermano si Jesús mismo no sostuviese los brazos de su Moisés...! Pero con la ayuda de la oración que usted dirige por mí a diario al Señor, espero que nunca será digno de compasión, y que, después de esta vida, durante la cual los dos habremos sembrado juntos con lágrimas, nos volveremos a encontrar, felices, llevando gavillas en las manos.

Octubre 26

Realmente, hermano, se cumplen en usted estas palabras de la Imitación de Cristo: *Cuando el sufrimiento te parezca dulce y lo ames por amor a Jesucristo, habrás hallado el paraíso en la tierra* (Im II,12,11). Este paraíso es, ciertamente, el del misionero y el de la carmelita. La alegría que los mundanos buscan en medio de los placeres no es más que una sombra fugitiva; pero nuestra alegría, la que buscamos y saboreamos en los trabajos y en los sufrimientos, es una realidad extremadamente dulce, un disfrutar anticipado de la felicidad del cielo.

Octubre 27

Después de su partida, he leído la vida de varios misioneros; entre otras, la de Teófano Vénard, que me interesó y emocionó mucho más de lo que pueda decir. Bajo esta impresión, he compuesto algunas estrofas, totalmente personales; no obstante, se las envío.

La penúltima estrofa requiere algunas explicaciones: en ella digo que partiría feliz para Tonkín si Dios se dignara llamarme allá. Tal vez esto lo sorprenda, porque ¿no es acaso un sueño el que una carmelita piense en partir para Tonkín? Bueno, no, no es un sueño, y hasta puedo asegurarle que si Jesús no viene pronto a buscarme para el Carmelo del cielo, algún día partiré para el de Hanoi, porque ahora hay en esa ciudad un Carmelo, fundado hace poco por el de Saigón.

Octubre 28

Yo amo también aquella playa infiel
que fue el objeto de tu amor ardiente;
muy contenta hacia ella volaría,
si un día mi Jesús me lo pidiese...
Mas a sus ojos sobran las distancias
y el universo un punto le parece.
¡Mi débil amor y chicos sufrimientos,
por Él benditos, le hacen amar y,
a pesar de la distancia, lo sostienen...!

Octubre 29

Tal vez quiera usted saber lo que piensa nuestra Madre sobre mis deseos de ir a Tonkín. Ella cree en mi vocación, pero no cree que mi vocación pueda nunca realizarse; para ello sería necesario que la vaina fuese tan sólida como la espada, y quizás (nuestra Madre así lo cree) la vaina sería arrojada al mar antes de llegar a Tonkín. ¡La verdad es que no resulta nada cómodo estar compuestos de un cuerpo y de un alma! Este miserable hermano asno, como lo llamaba san Francisco de Asís, estorba con frecuencia a su noble hermana y le impide lanzarse adonde quisiera... En fin, no quiero maldecirlo: a pesar de sus defectos, todavía sirve para algo, ya que hace ganar el cielo a su compañera y lo gana para sí mismo y nos gusta tanto.

Octubre 30

Me pide, hermano, que elija entre dos nombres, María o Teresa, para una de las niñitas que bautice. Puesto que los chinos no quieren dos protectoras en vez de una sola, habrá que darles la más poderosa; así que será la Santísima Virgen la que gane.

Octubre 31

No me preocupo en absoluto por el porvenir; estoy segura de que Dios hará su voluntad. Esta es la única gracia que deseo... Jesús no tiene necesidad de nadie para llevar a cabo su obra, y, si me aceptara a mí para ir a las misiones, sería por pura bondad.

*"No basta con amar;
hay que demostrarlo."*

Noviembre

Noviembre 1

Ahora comprendo que la caridad perfecta consiste en soportar los defectos de los demás, en no extrañarse de sus debilidades, en edificarse de los más pequeños actos de virtud que les veamos practicar. Pero, sobre todo, comprendí que la caridad no debe quedarse encerrada en el fondo del corazón: *Nadie,* dijo Jesús, *enciende una lámpara para meterla debajo de un cajón, sino para ponerla en el candelero y que alumbre a todos los de la casa* (Mt 5,15).

Noviembre 2

Yo pienso que esa lámpara representa a la caridad, que debe alumbrar y alegrar, no sólo a los que me son más queridos, sino a todos los que están en la casa, sin exceptuar a nadie.

Noviembre 3

Cuando el Señor mandó a su pueblo amar al prójimo como a sí mismo, todavía no había venido a la tierra. Por eso, sabiendo bien hasta qué grado se ama uno a sí mismo, no podía pedir a sus criaturas un amor mayor al prójimo. Pero cuando Jesús dio a sus apóstoles un mandamiento nuevo –su mandamiento, como lo llama más adelante–, ya no habla de amar al prójimo como a uno mismo, sino de amarlo como él, Jesús, lo amó y como lo amará hasta la consumación de los siglos...

Noviembre 4

Yo sé, Señor, que tú no mandas nada imposible. Tú conoces mejor que yo mi debilidad, mi imperfección. Tú sabes bien que yo nunca podré amar a mis hermanas como tú las amas, si tú mismo, Jesús mío, no las amaras también en mí. Y porque querías concederme esta gracia, por eso diste un mandamiento nuevo...

Noviembre 5

¡Cómo amo este mandamiento del amor, porque me da la certeza de que tu voluntad es amar tú en mí a todos los que me mandas amar...!

Noviembre 6

Cuando soy caritativa, es únicamente Jesús quien actúa en mí. Cuanto más unida estoy a él, más amo a todas mis hermanas. Cuando quiero hacer que crezca en mí ese amor, y sobre todo cuando el demonio intenta poner ante los ojos de mi alma los defectos de tal o cual hermana que me cae menos simpática, me apresuro a buscar sus virtudes y sus buenos deseos, pienso que si la he visto caer una vez, puede haber conseguido un gran número de victorias que oculta por humildad, y que incluso lo que a mí me parece una falta puede muy bien ser, debido a la recta intención, un acto de virtud.

Noviembre 7

Cuando me juzgan favorablemente, para no caer en vanidad razono así: Si mis pequeños actos de virtud los toman por imperfecciones, lo mismo pueden engañarse tomando por virtud lo que sólo es imperfección.

Noviembre 8

Hay en la comunidad una hermana que tiene el don de desagradarme en todo. Sus modales, sus palabras, su carácter me resultan sumamente desagradables. Sin embargo, es una santa religiosa, que debe ser sumamente agradable a Dios. Entonces, para no ceder a la antipatía natural que experimentaba, me dije a mí misma que la caridad no debía consistir en simples sentimientos, sino en obras, y me dediqué a portarme con esa hermana como lo hubiera hecho con la persona a quien más quiero. Cada vez que la encontraba, pedía a Dios por ella, ofreciéndole todas sus virtudes y sus méritos.

Noviembre 9

Un día, en la recreación, me dijo con aire muy satisfecho más o menos estas palabras: *"¿Querría decirme, hermana Teresa del Niño Jesús, qué es lo que le atrae tanto en mí? Siempre que me mira, la veo sonreír."* ¡Ay!, lo que me atraía era Jesús, escondido en el fondo de su alma... Jesús, que hace dulce hasta lo más amargo...

Noviembre 10

La verdad es que en el Carmelo una no encuentra enemigos, pero sí que hay simpatías. Se siente atracción por una hermana, mientras que ante otra darías un gran rodeo para evitar encontrarte con ella, y así, sin darse cuenta, se convierte en motivo de persecución. Pues bien, Jesús me dice que a esa hermana hay que amarla, que hay que rezar por ella, aun cuando su conducta me indujese a pensar que ella no me ama: *Porque si aman a aquellos que los aman, ¿qué mérito tie-*

nen? También los pecadores aman a los que los aman (Lc 6,32).

Noviembre 11

Y no basta con amar, hay que demostrarlo. Es natural que nos guste hacer un regalo a un amigo, y sobre todo que nos guste dar sorpresas. Pero eso no es caridad, porque también los pecadores lo hacen. Y Jesús nos dice también: *Dale a todo el que te pida, y al que tome lo tuyo no se lo reclames* (Lc 6,30).

Noviembre 12

Dar a todos los que pidan gusta menos que ofrecer algo una misma por propia iniciativa. Más aún, cuando se nos pide algo amablemente, no nos cuesta dar. Pero si, por desgracia, no se emplean palabras bastante delicadas, enseguida el alma se rebela si no está firmemente afianzada en la caridad. Encuentra mil razones para negar lo que le piden y sólo después de haberse convencido de su falta de delicadeza a la que pide acaba dándole como un favor lo que reclama, o le presta un ligero servicio que le habría exigido veinte veces menos tiempo del que le llevó hacer valer sus derechos imaginarios.

Noviembre 13

Si es difícil dar a todo el que nos pide, lo es todavía mucho más dejar que se apoderen de lo que nos pertenece, sin reclamarlo. Digo que es difícil, pero debería más bien decir que parece difícil, porque el yugo del Señor es suave y ligero. Cuando lo aceptamos, sentimos enseguida su suavidad y exclamamos con el salmista: *Correré por el camino de tus mandamientos, porque tú me infundes ánimo* (Sal 118,32).

Noviembre 14

Sólo la caridad puede ensanchar mi corazón. Y desde que esta dulce llama lo consume, Jesús, corro alegre por el camino de tu mandamiento nuevo...

Noviembre 15

Decía que Jesús no quiere que reclame lo que me pertenece. Y debería parecerme fácil y natural, porque no tengo nada mío. Por el voto de pobreza he renunciado a los bienes de la tierra. No tengo, entonces, derecho a quejarme si me quitan algo que no me pertenece; al contrario, debería alegrarme cuando se me ofrece la ocasión de vivir la pobreza.

Tiempo atrás creía no estar apegada a nada. Pero desde que comprendí las palabras de Jesús, veo que, cuando llega la ocasión, soy aún muy imperfecta.

Noviembre 16

Así que no basta dar a alguien que me pida; debo adelantarme a sus deseos, mostrarme muy agradecida y muy honrada de poder prestarle un servicio; y si me quitan una cosa que tengo a mi uso, no voy a hacer ver que lo siento, sino, por el contrario, mostarme contenta de que me hayan quitado de en medio ese estorbo.

Noviembre 17

No siempre es posible en el Carmelo practicar al pie de la letra las enseñanzas del Evangelio. A veces una se ve obligada, en razón de su oficio, a negarse a hacer un favor. Pero cuando la caridad ha hechado hondas raíces en el alma, se manifiesta al exterior.

Noviembre 18

Hay una forma tan elegante de negar lo que no se puede dar, que la negativa agrada tanto como el mismo don. Es cierto que cuesta menos pedir un favor a una hermana que está siempre dispuesta a complacernos. Pero Jesús dijo: *No le vuelvas la espalda al que quiere pedirte algo prestado* (Mt 5,42). Así, pues, no debemos huir de las hermanas que tienen la costumbre de estar siempre pidiendo favores, con el pretexto de que tendremos que negárselos. Ni debemos tampoco ser serviciales por parecerlo, o con la esperanza de que en otra ocasión la hermana a la que ahora ayudamos nos devolverá el favor, porque Jesús nos dice también: *Y si prestan a aquellos de quienes esperan recibir, ¿qué mérito tienen? También los pecadores prestan a los pecadores para recibir ellos lo mismo. Presten sin esperar nada a cambio* (Lc 6,34-35).

Noviembre 19

Sí, el premio es grande, incluso en esta tierra... En este camino, sólo cuesta dar el primer paso. Prestar sin esperar nada a cambio parece duro a la naturaleza; preferiríamos dar, porque lo que damos ya no nos pertenece.

Noviembre 20

¡Qué contrarias a los sentimientos de la naturaleza son las enseñanzas de Jesús! Sin la ayuda de su gracia, no sólo no podríamos ponerlas por obra, sino ni siquiera comprenderlas.

Noviembre 21

Al no ser míos los bienes de aquí abajo, no debería resultarme difícil no reclamarlos nunca si alguien me los quita.

Tampoco los bienes del cielo me pertenecen. Me han sido prestados por Dios, que puede quitármelos sin que yo tenga ningún derecho a quejarme.

Sin embargo, los bienes que vienen directamente de Dios, las intuiciones de la inteligencia y del corazón, los pensamientos profundos, todo eso constituye una riqueza a la que solemos apegarnos como a un bien propio que nadie tiene derecho a tocar...

Noviembre 22

No desprecio los pensamientos profundos que alimentan el alma y la unen a Dios. Pero hace mucho tiempo ya que he comprendido que el alma no debe apoyarse en ellos, ni hacer consistir la perfección en recibir muchas iluminaciones. Los pensamientos más hermosos no son nada sin las obras.

Noviembre 23

Si el lienzo que pinta un artista pudiera pensar y hablar, seguramente no se quejaría de que el pincel lo toque y lo retoque sin cesar; ni tampoco envidiaría la suerte de ese instrumento, porque sabría que la belleza que lo adorna no se la debe al pincel sino al artista que lo maneja.

El pincel, por su parte, no puede gloriarse de haber hecho él la obra de arte. Sabe que los artistas no se atan a un instrumento, que se ríen de las dificultades, que a veces les gusta escoger instrumentos débiles y defectuosos...

Madre querida, yo soy un pincelito que Jesús ha escogido para pintar su imagen en las almas que usted me ha confiado.

Noviembre 24

Madre, desde que comprendí que no podía hacer nada por mí misma, la tarea que usted me encomendó dejó de parecerme difícil. Vi que la única cosa necesaria era unirme cada día más a Jesús y que todo lo demás se me daría por añadidura. Y mi esperanza nunca ha sido defraudada. Dios ha tenido a bien llenar mi pequeña mano cuantas veces ha sido necesario para que yo pudiera alimentar el alma de mis hermanas.

Noviembre 25

De lejos, parece color de rosa eso de hacer bien a las almas, hacerlas amar más a Dios, en una palabra modelarlas según los propios puntos de vista y los criterios personales. De cerca ocurre todo lo contrario: el color rosa desaparece..., y una ve por experiencia que hacer el bien es algo tan imposible sin la ayuda de Dios como hacer brillar el sol en plena noche... Se comprueba que hay que olvidarse por completo de los propios gustos y de las ideas personales, y guiar a las almas por los caminos que Jesús ha trazado para ellas, sin pretender hacerlas ir por el nuestro.

Noviembre 26

Para mí la oración es un impulso del corazón, una simple mirada lanzada hacia el cielo, un grito de gratitud y de amor, tanto en medio del sufrimiento como en medio de la alegría. En una palabra, es algo grande, algo sobrenatural que me dilata el alma y me une a Jesús.

Noviembre 27

¡Qué grande es el poder de la oración! Se diría que es como una reina que en todo momento tiene acceso libre al rey y que puede alcanzar todo lo que pide.

Noviembre 28

Para ser escuchados, no hace falta leer en un libro una hermosa fórmula compuesta para esa ocasión. Si fuera así..., ¡qué digna de lástima sería yo...! Fuera del Oficio divino no me siento con fuerzas para sujetarme a buscar en los libros hermosas oraciones; me produce dolor de cabeza, ¡hay tantas..., y a cada cual más hermosa...! No podría rezarlas todas, y, al no saber cuál escoger, hago como los niños que no saben leer: le digo a Dios simplemente lo que quiero decirle, sin componer frases hermosas, y él siempre me entiende...

Noviembre 29

A veces, cuando mi espíritu está tan seco que me es imposible sacar un solo pensamiento para unirme a Dios, rezo muy despacio un "Padrenuestro", y luego la salutación angélica. Entonces esas oraciones me encantan y alimentan mi alma mucho más que si las rezara precipitadamente un centenar de veces.

Noviembre 30

Un sabio decía: *Denme una palanca, un punto de apoyo, y levantaré el mundo.*

Lo que Arquímedes no pudo lograr, porque su petición no se dirigía a Dios y porque la hacía desde un punto de vista material, los santos lo lograron en toda su plenitud. El Todopoderoso les dio un punto de apoyo: Él mismo, Él solo. Y una palanca: la oración, que abrasa con fuego de amor. Y así levantaron el mundo. Y así lo siguen levantando los santos que aún militan en la tierra. Y así lo seguirán levantando hasta el fin del mundo los santos que vendrán.

"Ahora ya nada me impide volar."

Diciembre

Diciembre 1

Madre querida, ahora me parece que ya nada me impide volar, porque no tengo ya grandes deseos, a no ser el de amar hasta morir de amor...

Diciembre 2

Cuando no se nos comprende o se nos juzga desfavorablemente, ¿para qué defendernos o dar explicaciones? Dejémoslo pasar, no digamos nada, ¡es tan bueno no decir nada, dejarse juzgar, digan lo que digan...! En el Evangelio no vemos que María haya dado explicaciones cuando su hermana la acusaba de estarse a los pies de Jesús sin ha-cer nada. No dijo: *"Si supieras, Marta, lo feliz que soy, si escucharas las palabras que estoy escuchando! Además, es Jesús quien me ha dicho que me esté aquí"*. No, prefirió callarse. ¡Venturoso silencio, que da al alma tanta paz!

Diciembre 3

Cuando, después de haber prestado un servicio, no recibo ninguna muestra de gratitud, nunca me dejo atrapar por los sentimientos negativos, porque no espero ninguna recompensa aquí en la tierra: lo hago todo por Dios; y de esta manera, nada puedo perder y siempre me doy por bien pagada del trabajo que me tomo por servir al prójimo.

Diciembre 4

Si, por un imposible, ni el mismo Dios viese mis buenas acciones, no me afligiría por eso lo más mínimo. Lo amo tanto, que quisiera contentarlo sin que ni él mismo supiera que soy yo. Al verlo y al saberlo, está como obligado a "pagármelo", y yo ni siquiera necesito causarle esa molestia...

Diciembre 5

Echo a mis pajaritos, a derecha y a izquierda, los granos buenos que Dios pone en mi pequeña mano. Y luego, ¡que sea lo que Dios quiera! No vuelvo a ocuparme más de eso. Unas veces, es como si no hubiera echado nada; otras ayuda. Pero Dios me dice: *Da, da siempre, sin preocuparte del resultado.*

Diciembre 6

En realidad, me da igual vivir que morir. No entiendo bien qué podré tener después de la muerte que no tenga ya en esta vida. Veré a Dios, es cierto, pero estar con él, ya lo estoy completamente en la tierra.

Diciembre 7

Voy a morir pronto, pero ¿cuándo? Sí, ¿cuándo...? ¡Nunca acaba de llegar! Soy como un niñito al que le están prometiendo siempre un dulce: se lo enseñan desde lejos, y luego, cuando él se acerca para tomarlo, retiran la mano... Pero, en el fondo, estoy completamente resignada a vivir, a morir, a recobrar la salud o a ir a la China, si Dios así lo quiere.

Diciembre 8

¡María, si yo fuese la Reina del cielo y tú fueras Teresa, quisiera ser Teresa para que tú fueses la Reina del cielo...!

Diciembre 9

Después de mi muerte, no hace falta que me rodeen de coronas. A las personas que quieran traerlas, podrán decirles que prefiero que empleen ese dinero en ayudar a los niños pobres de África. Eso sí me gustaría.

Diciembre 10

Estoy convencida de la inutilidad de los remedios que tomo para curarme; pero me las he arreglado con Dios para que haga que se aprovechen de ellos los pobres misioneros enfermos que no tienen tiempo ni medios para curarse. Le pido que los cure a ellos, en vez de a mí, por medio de los medicamentos y del reposo que a mí me obligan a tomar.

Diciembre 11

Me han repetido tantas veces que soy valiente, y esto responde tan poco a la verdad, que me he dicho a mí misma: ¡Bueno, no puedo dejar por mentiroso a todo el mundo! Y me he puesto, con la ayuda de la gracia, a trabajar por adquirir esa valentía. He hecho como el guerrero, que, al oírse felicitar por su bravura, sabiendo muy bien que no es más que un cobarde, acaba por sentir vergüenza de los elogios y quiere merecerlos.

Diciembre 12

No deseo más morir que vivir. Es decir: si tuviese que escoger, preferiría morir; pero como es Dios quien escoge por mí, prefiero lo que quiera él. Me gusta siempre lo que él hace.

Diciembre 13

Siempre miro el lado bueno de las cosas. Hay quienes se lo toman todo de la manera que más los hace sufrir. A mí me ocurre todo lo contrario. Cuando no tengo más que el sufrimiento puro, cuando el cielo se vuelve tan negro que no veo ni un solo claro entre las nubes, hago de eso mi alegría...

Diciembre 14

Estoy contenta, no ofendo a Dios lo más mínimo durante mi enfermedad. Hace un poco, estaba yo escribiendo sobre la caridad, y con mucha frecuencia venían a interrumpirme; entonces, he tratado de no impacientarme y poner en práctica lo que estaba escribiendo.

Diciembre 15

¡Qué bien que entiendo las palabras de Nuestro Señor a nuestra Madre santa Teresa! *"¿Sabes, hija mía, quiénes son los que me aman de verdad? Los que reconocen que todo lo que no se refiere a mí no es más que mentira."*

¡Qué gran verdad me parece esto! ¡Sí, fuera de Dios, todo es vanidad!

Diciembre 16

Nuestro Señor murió en la cruz entre angustias, y sin embargo la suya fue la más hermosa muerte de amor. Morir de amor no es morir entre arrobamientos. Te lo confieso francamente: me parece que eso es lo que yo estoy viviendo.

Diciembre 17

También yo tengo debilidades, pero me alegro de eso. Tampoco yo estoy siempre por encima de las naderías de la tierra. Por ejemplo, si me da rabia por una tontería que he dicho o que he hecho, me recojo en mi interior y me digo a mí misma: ¡Vaya, sigo todavía en el mismo punto que antes! Pero me lo digo con gran suavidad y tristeza. ¡Es tan bueno sentirse uno débil y pequeño!

Diciembre 18

Cuando esté en el cielo, me acercaré a Dios. Él me preguntará: *"¿Qué quieres hijita?"* Y yo contestaré: *"Felicidad para todos los que amo."* Y haré lo mismo delante de todos los santos.

Diciembre 19

Desde niña, me encantaban estas palabras de Job: *Aunque Dios me matara, seguiría esperando en él.* Pero he tardado mucho tiempo en llegar a este grado de abandono. Ahora ya estoy en él; Dios me ha introducido en él, me ha tomado en brazos y me ha instalado en él...

Diciembre 20

Acabo de ver sobre el muro un gorrioncito que esperaba pacientemente, lanzando de vez en cuando un gritito de llamada, a que sus padres vinieran a buscarlo para darle de comer. Y he pensado que yo me parecía a él.

Diciembre 21

Nada me para entre las manos. Todo lo que tengo y todo lo que gano es para la

Iglesia y para las almas. Aun cuando llegue a vivir 80 años, seguiré siendo así de pobre.

Diciembre 22

Dios tendrá que satisfacer todos mis caprichos en el cielo, porque yo no he hecho nunca mi voluntad aquí en la tierra.

Diciembre 23

Con las vírgenes seremos vírgenes; con los doctores, doctores; y con los mártires, mártires, porque todos los santos son parientes nuestros. Pero los que hayan seguido el camino de la infancia espiritual conservarán siempre los encantos de la infancia.

Diciembre 24

No sé cómo podía ilusionarme con la idea de entrar en el Carmelo estando todavía, como estaba, en los pañales de la niñez... Era necesario que Dios hiciera un pequeño milagro para hacerme crecer en un momento, y ese milagro lo hizo el día inolvidable de Navidad. En esa noche luminosa que esclarece las delicias de la Santísima Trinidad, Jesús, el dulce niñito recién nacido, cambió la noche de mi alma en torrentes de luz... En esta noche, en la que él se hizo débil y doliente por mi amor, me hizo a mí fuerte y valerosa; me revistió de sus armas, y desde aquella noche bendita ya no conocí la derrota en ningún combate, sino que, al contrario, fui de victoria en victoria y comencé, por así decirlo, *una carrera de gigante.*

Diciembre 25

¡Dulce Jesús, nuestro pequeño hermano!,
tú abandonaste el cielo por nosotros;
mas tú lo sabes bien, nuestro carmelo
es, divino Jesús, tu jaula de oro.

Tus lindas manecitas nos atraen,
y tus bellos encantos, tierno niño.
Dulce Jesús, en tu sonrisa quedan
cautivos de luz, los pajaritos.

Diciembre 26

Dios siempre me ha hecho desear lo que quería darme.

Diciembre 27

Si hubiera sido rica, no hubiese podido ver a un pobre sin darle enseguida parte de mis bienes. De la misma manera, a medida que gano algún tesoro espiritual, sabiendo que en ese mismo instante hay almas que están en peligro de perderse, les doy todo lo que tengo, y todavía no he encontrado un solo momento para decirme: Ahora voy a trabajar para mí.

Diciembre 28

Siempre me ha gustado lo que Dios me daba. Hasta el punto de que, si me hubiese dado a escoger, yo habría escogido precisamente aquello, incluso las cosas que me parecían menos buenas y menos bonitas que las que tenían las demás.

Diciembre 29

En mi enfermedad soy como un auténtico niño: no pienso en nada, estoy contenta de ir al cielo, y eso es todo.

Diciembre 30

Ser siempre niña es reconocer la propia nada y esperarlo todo de Dios, como un niño lo espera todo de su padre; es no preocuparse por nada, ni siquiera por ganar dinero. Hasta en las casas de los pobres se da al niño todo lo que necesita; pero en cuanto se hace mayor, su padre se niega ya a alimentarlo y le dice: Ahora trabaja, ya puedes arreglártelas por tu cuenta.

Precisamente por no oír eso, yo no he querido hacerme mayor, sintiéndome incapaz de ganarme la vida, la vida eterna del cielo. Así que seguí siendo pequeñita, sin otra ocupación que la de recoger flores, las flores del amor y del sacrificio, y ofrecérçelas a Dios para su recreo.

Ser pequeño es también no atribuirse a uno mismo las virtudes que se practican, creyéndose capaz de algo, sino reconocer que Dios pone ese tesoro en la mano de su hijito para que se sirva de él cuando lo necesite; pero es siempre el tesoro de Dios. Por último, es no desanimarse por las propias faltas, pues los niños se caen a menudo, pero son demasiado pequeños para hacerse mucho daño.

Diciembre 31

Cuando un alma se ha dejado fascinar por el perfume embriagador de tus perfumes, ya no puede correr sola, todas las almas que ama se ven arrastradas detrás de ella. Y eso se hace sin tensiones, sin esfuerzos, como una consecuencia natural de su propia atracción hacia ti. Como un torrente que se lanza impetuosamente hacia el océano arrastrando detrás de sí todo lo que encuentra a su paso, así, Jesús mío, el alma que se hunde en el océano sin riberas de tu amor atrae detrás de sí todos los tesoros que posee.

Cinco minutos con *Jesús*

ALFONSO MILAGRO

Una selección de los mejores pensamientos del Padre Milagro, que ha sabido vibrar y transmitir su pasión por el mensaje de Jesús, elegidos para acompañar nuestro caminar a lo largo de todo un año y suscitar el deseo de querer encontrarlo cada día.

Como cuando dos amigos comparten rápidamente -café de por medio- la vida y el afecto, y esos cinco intensos minutos son suficientes para dar sentido a toda la jornada y ver los acontecimientos con los ojos del amor y de la fe.

Los cinco minutos de María

ALFONSO MILAGRO

A través de estos pensamientos cotidianos, el Padre Milagro nos ayuda a descubrir la grandeza de María, la privilegiada de Dios y, al mismo tiempo, su presencia materna que consuela y anima.

Como haciendo confluir dos vertientes de agua en un mismo río, sabe hablarnos de ella desde la teología, pero también desde la experiencia personal de la devoción, ayudándonos a percibir su amor y a amarla y a hacer que esos cinco minutos de lectura cotidiana se conviertan al mismo tiempo en púlpito y altar, en reflexión y plegaria.

Los cinco minutos de San Francisco

COMPILADOR:
MURRAY BODO ofm

A través de las páginas de este libro Francisco se transformará en el compañero de nuestro peregrinar por la vida a lo largo de todo un año.

La selección de textos, a cargo de un especialista en espiritualidad franciscana, nos permite cada mes tomar contacto con aquellos elementos que descubren la perenne actualidad del mensaje de Francisco y hace que estas páginas sean, al mismo tiempo, una especie de antología de los principales dichos y obras del santo de Asís.